이것이 성공이다

Originally published under the title of

SUCCESS AND THE CHRISTIAN

Copyright ⓒ 1994 by Zur Ltd.
Published by WingSpread Publishers,
a division of Zur Ltd.,
3825 Hartzdale Drive, Camp Hill, PA 17011, U.S.A.
Korean Translation Copyright ⓒ 2005 by Kyujang Publishing Company
All rights reserved.

본 저작물의 한국어판 저작권은 WingSpread Publishers사와
독점 계약한 규장이 소유합니다.
저작권법에 의하여 한국 내에서 보호를 받는 저작물이므로
무단 전재와 무단 복제를 금합니다.

A. W. 토저 마이티 시리즈(A. W. TOZER Mighty Series)

토저는 교인수의 성장을 위해서라면 대중의 인기에 야합하고, 거대 기업의 경영방식을 무차별 차용하고, 할리우드 엔터테인먼트 방식을 예배에 도입하는 것에 대해 통렬한 비판을 가하였다. 그는 현대의 교회가 물량적 성장을 위해서라면 교회의 순결성을 포기하는 듯한 자세를 보일 때는 그것을 좌시하지 않고 언제나 선지자의 음성을 발하였다. 듣든지 안 듣든지 이스라엘 교회의 세속화를 준열히 책망했던 예레미야처럼, 토저도 시대에 아부하지 않고 하나님교회의 순정성(純正性)을 파수하기 위해 '강력한'(Mighty) 말씀을 선포했다. 그래서 토저는 '이 시대의 선지자' 라는 평판을 들었다. 토저가 신앙의 개혁을 위해 외쳤던 뜨겁고 강력한 메시지를 이 시대의 우리도 들어야 한다. 말씀과 성령에 의한 개혁이 절실히 필요한 이때, 규장에서 토저의 강력한(Mighty) 메시지들을 'A. W. 토저 마이티(Mighty) 시리즈'로 출간한다.

"토저의 설교는 설교단에서 발사되어 청중의 마음을 관통하는 레이저 광선과 같다." - 워런 위어스비

이것이 **성공이다**

A. W. 토저 지음
이용복 옮김

한국어판
편집자의
글

하나님이 기뻐하시는 성공을 하라!

규장에서 A.W. 토저의 '마이티 시리즈'를 출간하면서 독자들의 많은 지지와 격려를 받았다. 독자들의 도서평은 "우리가 토저의 육성을 계속 들어야 하는데 그 분이 세상을 떠났다는 것이 너무나 아쉽다", "토저의 글은 죽은 글이 아니라 살아 꿈틀대는 글이다", "내 마음이 크게 찔림을 받았다", "요즘은 왜 토저 목사님과 같은 메시지를 들을 수 없는가?"라는 글이 대종을 이룬다. 한국어판 편집자로서 토저의 글을 매만지면서 느끼는 심정도 독자들과 다를 바 없다. 말씀의 예리한 비수(匕首)가 영혼의 은밀한 부분을 베어내는 듯한 통절한 통증을 느끼게 된다. 왜 요즘은 토저와 같은 메시지를 들을 수 없는가? 토저처럼 사는 사람들이 드물기 때문이다. 토저는 세상에서 하나님나라의 레지스탕스로 살아갔다. 그러나 오늘날의 많은 그리스도인들은 하나님나라에서 세상나라로 귀화(歸化)하기에 바쁜 것 같다.

이 책은 '이 시대의 선지자'라는 평판을 들은 토저 특유의

'성공관'을 거침없이 보여준다. 그의 성공관이 이 시대 '성공나팔수들'의 성공관과 어떻게 다른지가 판연히 구분될 것이다. 또 진정한 성공의 능력이 무엇인지를 분명히 보여줄 것이다.

모든 사람들이 성공을 향해 무서운 기세로 달려가고 있다. 그리스도인들도 예외가 아닌 것 같다. 그리스도인들에게 "왜 성공하려 하는가?"라고 묻는다면 그들은 대부분 "하나님의 영광을 위해서"라고 대답한다. 과연 그런가? 그리스도인들의 성공 기준은 무엇인가? 그들은 세상의 가치기준으로 성공을 재단하려 하지는 않는가?

그리스도인들도 이 세상에서 살아갈 때에는 '이 시대의 자녀'로 살아가야 하는 제약을 지니게 된다. 깨어 있지 않으면 이 시대정신에 물들지 않을 수 없다. 탐욕에 기반을 둔 무한경쟁의 살벌한 정글법칙이 이 시대 그리스도인들을 세뇌하고 있다. 그리하여 수단과 방법을 가리지 않는 자신의 야망 실현을 '비전'의 미명으로 정당화하고 기도응답으로 호도하고 있지는 않는가? 세상 사람들의 출세 방식과 그리스도인들이 기도하면서 추구한다는 출세 방식 사이에 과연 다른 점이 있는가?

예수님은 세상에서 그리스도인들의 정체성에 대해 "보라 내가 너희를 보냄이 양을 이리 가운데 보냄과 같도다"(마 10:16)라고 말씀하셨다.

우리는 이리가 득실거리는 세상에 '양'으로 보냄을 받았다. 그런데 주변의 많은 이리들과의 경쟁에서 이기기 위해 양이 이리를 벤치마킹하여, 자신의 발톱을 날카롭게 기르고 송곳니를 부지런히 숫돌에 갈아 드라큘라의 이빨처럼 만들었다고 생각해보라. 이런 기형(奇形) 양이 되면 이리를 이길 수 있는가? 오히려 달아나는 데 지장을 초래하여 더 빨리 잡아먹히고 만다. 양으로 부름받은 그리스도인들이 양육강식의 세상(이리)의 성공법칙으로 무장하는 것이 바로 이 기형의 웃기는 양의 모습이 아니고 무엇인가?

우리 하나님은 이리의 방식이 아니라 양의 방식으로 평천하(平天下) 될 것을 말씀하셨다.

"이리와 어린 양이 함께 먹을 것이며 사자가 소처럼 짚을 먹을 것이며 뱀은 흙으로 식물(食物)을 삼을 것이니 나의 성산(聖山)에서는 해함도 없겠고 상함도 없으리라 여호와의 말이니라"(사 65:25).

토저는 이 책에서 바로 양의 이러한 궁극적이고도 영원한 성공 방식에 대해 천명하고 있다. 이 시대의 선지자 토저의, 사람을 두려워하지 않는 힘찬 메시지를 들어보라!

규장 편집국장 김응국 목사

차례

한국어판 편집자의 글

1부 진정한 성공이란 무엇인가?
    01 세상의 가치기준인가, 하늘의 가치기준인가? _11
    02 내가 세운 비전을 과연 하나님이 기뻐하시겠는가? _41
    03 진정한 성공이란 바로 이것이다 _64

2부 하나님이 인정한 성공자가 되는 방법은 무엇인가?
    04 하늘 성공공식을 따른다 _89
    05 영적 성장원칙을 지킨다 _108
    06 강하고 담대하게 신령한 전투를 수행한다 _128

3부 하늘 성공자의 생활원칙은 무엇인가?
    07 마음속에 있는 재앙의 씨앗을 제거한다 _149
    08 영적 소아를 버리고 그리스도의 대의를 따른다 _173
    09 하나님의 사람들과 연합하여 뜻을 같이한다 _189

4부 성공에 관한 31가지 묵상

SUCCESS AND THE CHRISTIAN

1부

진정한 성공이란 무엇인가?

A.W. TOZER

진정한 성공의 삶은 하나님 이외의 모든 것을 버리는 삶이다. 진정한 성공은 내 가족만 잘 먹고 잘 살려고 발버둥치는 짓을 그만두는 것이다. 우리에게 필요한 것은 바로 '오직 하나님을 향한 열망'이다. 세상과 물욕(物慾)을 버리고 오직 하나님만을 알겠다는 열망이다.

01
세상의 **가치**기준인가, 하늘의 **가치**기준인가?

나는 귀족 출신이든 빈민굴 출신이든 상관하지 않는다. 왜냐하면 모두 썩었기 때문이다. 우리는 우리의 소유물, 지식, 외모, 능력을 자랑하지만, 바울은 모든 것을 해로 여기고 모든 것을 배설물로 여겼다.

'아는 것'과 '체험하는 것'은 다르다

나는 이제부터 영적 성공에 대해 이야기하려고 한다. 그런데 이 이야기를 더욱 원활하게 하기 위해 기독교 고전 한 권의 도움을 받았다. 이 책은 「알 수 없는 구름」이라는 책이다. 이 책에는 "하나님은 질투하는 연인(戀人)이시다. 하나님은 경쟁 상대를 용납하지 않으신다"라는 금언이 나오는데, 이것은 우리가 깊이 묵상해볼 만한 말이다.

사도 바울은 "내가 그리스도와 그 부활의 권능과 그 고난에 참예함을 알려 하여 그의 죽으심을 본받아 어찌하든지 죽은 자 가운데서 부활에 이르려 하노니"(빌 3:10,11)라고 말한다. 그의 말 중 나는 특히 "…알려 하여…"라는 말에 주목하고 싶다. 여기서 '안다'(know)라는 말은 정확히 표현하면 '체험한다'는 말이다. 단순히 '아는 것'과 '체험하는 것'은 다르다. 예를 들어보자. 내가 당신을 내 평생의 친구에게 소개했을 때 당신은 내게 "나도 저분을 알고 있습니다"라고 말할지도 모른다. 그러나 내가 그 사람을 아는 것과 당신이 그 사람을 아는 것은 그 의미가 다르다. 당신이 그를 알고 있을지 몰라도, 당신은 나처럼 그를 겪어보지 못했다. 나는 그의 차를 타고 그와 함께 여행했고, 그와 함께 설교했고, 그와 수없이 대화를 나누었고, 그와 함께 기도했다. 하지만 당신은 그런 적이 없다. 당신은 그가 누구라는 정도만 알 뿐이다. 다시 말하지만, 단순히 '아는 것'과 '체험하는 것'은 다르다.

이것은 우리와 하나님 사이에도 해당된다. 하나님과 대화하고 동행하며 그분을 깊이 체험하는 것과 단순히 그분을 아는 것은 다르다. 빌립보서 3장 10,11절의 바울의 말에는 "나는 깊고 풍성한 체험을 통하여 그리스도를 알기를 원한다"라는 뜻이 담겨 있다. 한 번의 만남으로 어떤 사람을 깊이 알기는 매우 힘들다. 사실 어떤 사람을 처음 만났을 때 그에게 전혀 호감이 가지 않는 경우가 종종 있다. 하지만 그 사람을 자꾸 만나다보면 처음에 보이지 않던 장점과 매력이 발견되곤 한다. 그리스도를 아는 것도 이와 같다. 우리가 처음에는 그분을 깊이 알 수 없을지라도 자꾸 그분을 가까이하면 그분을 깊이 체험할 수 있다.

문제는 그리스도를 깊이 알려 하지 않는 것

나는 대부분의 그리스도인들에게 이렇게 말하고 싶다.

"당신의 약점이 무엇인지 아는가? 당신의 약점은 그리스도를 깊이 알려고 하지 않는 것이다. 하지만 이것보다 더 심각한 문제가 있는데, 그것은 이 문제를 회피하려 한다는 것이다."

우리에게 이 문제에 대해 말해주는 사람이 드물다. 기독교 신문들과 잡지들, 기독교 방송국들, 교회들이 많지만, 그리스도를 더욱 알기를 갈망하는 것의 긴급성에 대해서는 강조하지 않는 것 같다.

그러나 이제 우리는 '그것'을 깊이 체험할 수 있다. 내가 이렇게 표현하니까 당신은 내게 "'그것'이라니요? 그리스도는 인격이신데, 당신은 어떻게 그분을 '그것'이라고 부를 수 있습니까?"라고 물을지 모르겠다. 그분을 '그것'이라고 부를 수 있는 이유에 대해 설명하겠다.

우선 누가복음의 기록을 보자.

"이러므로 나실바 '거룩한 것'(that holy thing)은 하나님의 아들이라 일컬으리라"(눅 1:35. '거룩한 것'이 개역한글 성경에는

'거룩한 자'로 번역되어 있다 - 역자 주).

또한 예수님의 품에 머리를 기댈 정도로 예수님과 가까웠던 요한의 기록을 보자. 결코 아마추어 신학자라고 할 수 없는 요한은 그의 놀라운 책 요한일서를 이렇게 시작한다.

" '태초부터 있는 것' (that which was from the beginning)에 관하여는 우리가 들은 바요 눈으로 본 바요 주목하고 우리 손으로 만진 바라"(요일 1:1. '태초부터 있는 것'이 개역한글 성경에는 '태초부터 있는 생명의 말씀'으로 번역되어 있다 - 역자 주).

요한은 아직 예수 그리스도를 인격으로 제시하지 않는다. 요한의 말을 계속 살펴보자.

"이 생명이 나타내신 바 된지라 이 영원한 생명을 우리가 보았고 증거하여 너희에게 전하노니 이는 아버지와 함께 계시다가 우리에게 '나타내신 바 된 것이니라' 우리가 보고 들은 바를 너희에게도 전함은 너희로 우리와 사귐이 있게 하려 함이니 우리의 사귐은 아버지와 그 아들 예수 그리스도와 함께함이라"(요일 1:2,3. 2절의 마지막에 나오는 '나타내신 바 된 것이니라'가 개역한글 성경에서는 '나타내신 바 된 자니라'로 번역되어 있다 - 역자 주).

3절의 마지막 부분('그 아들 예수 그리스도')에 가서야 비로소 그리스도가 인격으로 제시된다. 그 전까지는 '그것'으로 제시될 뿐이다.

분명히 기억하라. 예수 그리스도가 인격이시고 하나님의 영원한 아들이신 것은 명백한 진리이지만, 또한 그분이 만유의 '근원'(그것)이신 것도 사실이다. 그분은 당신과 내가 즐길 수 있는 모든 것의 근거요 근원이시다. 그분은 모든 진리의 근원이시다. 하지만 거기서 끝나지 않고, 그분이 진리 자체이시다. 그분은 모든 아름다움의 근원이요 샘이시지만, 또한 아름다움 자체이시다. 그분은 모든 지혜의 근원이시지만, 또한 지혜 자체이시다. 그분 안에는 모든 지혜와 지식의 보화가 숨겨져 있다. 그분은 모든 생명의 근원이시지만, 또한 "생명의 떡"(요 6:35)이요 "생명"(요 11:25)이시다. 그분은 사랑의 근원이시지만, 또한 사랑 자체이시다. 그분은 부활이요 영생이시다. 우리가 찬송하듯이, 그분은 "우리 아버지의 영광의 빛이요, 우리 아버지의 얼굴의 광채이시다."

처음 사랑은 어디에 있는가?

내 교회, 내 교파, 내가 속한 공동체 그리고 나 자신이 신앙적으로 뒷걸음치려고 할 때 무엇이 잘못된 것인지를 심각하게 물어야 한다. 도대체 내게 무엇이 잘못된 것인가? 주님은 문제의 원인을 정확히 짚으셨다.

"너의 처음 사랑을 버렸느니라"(계 2:4).

이것이 주님의 정확한 진단이다. 처음 사랑? 이것은 첫 번째 사랑, 두 번째 사랑, 세 번째 사랑… 이런 식의 '첫 번째 사랑'이 아니다. 말 그대로 이것은 '처음 사랑'이다. 우리가 주님을 처음 알았을 때의 그 '처음 사랑' 말이다.

나는 무엇을 위해 설교하는가? 나의 설교의 목표는 그리스도의 교회가 구주의 아름다움을 다시 발견하도록 만드는 것이다. 그분의 아름다움을 다시 발견할 때 우리는 믿음의 조상들처럼 그분을 전심으로 사랑하게 될 것이다.

우리가 즐겨 부르는 '만유의 주재'(찬송가 48장)라는 찬송이 있다. 우선, 이 찬송가의 1절을 읽어보자.

만유의 주재 존귀하신 예수
인자가 되신 하나님
나 사모하여 영원히 섬길
내 영광 되신 주로다.

지면 관계상 2절과 3절을 인용하지 못하니 당신이 찬송가에서 찾아서 보기 바란다. 본래 이 찬송가는 다섯 절로 되어 있는데, 우리 찬송가에는 세 절만 수록되어 있다. 빠져 있는 4절과 5절은 다음과 같다.

이 세상의 햇빛에서는
꽃들도 아름답고
땅의 아이들도 아름답지만,
죽음을 면할 수 없다네.
모두 사라질 것이지만,
예수님은 영원하시네.

땅에서 가장 밝은 것도,
하늘에서 가장 빛나는 것도
예수님의 광채 앞에서 빛을 잃어버리네.
세상에서 가장 깨끗한 것도,
우주에서 가장 투명한 것도
예수님의 순수함 앞에서 무색해지네.

주변을 둘러보라. 당신의 가족, 당신의 친구들, 당신이 사랑하는 사람들, 귀여운 아이들, 젊음이 넘치는 풋풋한 청년들…. 하지만 냉철하게 현실을 직시할 때 우리는 "그들이 모두 이 세상을 떠나야 한다. 모두 어느덧 사라지고 보이지 않을 것이다"라고 말하지 않을 수 없다. 그들이 떠난 자리에는 오직 예수 그리스도만이 남아 계실 것이다.

한 친구는, 내가 세상적인 것들에 관심을 보이지 않자 매우 실망하는 눈치였다. 하지만 그렇다고 해서 내가 억지로 그것들을 좋아하는 척할 수는 없지 않은가? 솔직히 말해서 나는 벤츠나 캐딜락(Cadillac, 미국제 고급 승용차의 상표명)에 관심이 없다. 최고급 저택들이 즐비하게 들어서는 것을 봐도 나는 소가 닭 보듯이 쳐다본다. 아브라함과 같은 사람은 인간이 이 세상에 지어놓은 집들에 관심을 가질 리 없다. 아브라함은 "하나님의 경영하시고 지으실 터가 있는 성(城)을 바랐음이니라"(히 11:10)라고 했다. 그후 그는 집을 지으려고 하지 않았다. 그는 "나는 하늘에 있는 내 집에 이를 때까지 장막에서 살겠다. 썩어 없어질 집을 이 땅 위에 짓는 어리석은 짓을 하지 않겠다"라고 결심했다. 하늘의 집은 너무나 아름다운 집이다.

"땅에서 가장 밝은 것도, 하늘에서 가장 빛나는 것도 예수님의 광채 앞에서 빛을 잃어버린다. 세상에서 가장 깨끗한 것도, 우주에서 가장 투명한 것도 예수님의 순수함 앞에서 무색해진다."

이것은 예수님을 만난 한 신앙인의 아름다운 고백이다.

예수님을 알기 위해 지불할 대가

예수님을 아는 것이 아름답고 귀한 일이지만, 그것이 거저 주어지는 것은 아니다. 거기에는 반드시 대가가 따른다. 유감스럽게도, 대부분의 그리스도인들은 이 대가를 지불하려고 하지 않는다. 그렇기 때문에 그들은 그렇고 그런 수준에 머물러 있는 것이다.

그들은 악한 것들을 삼가는 것으로 자기들이 해야 할 일을 다 했다고 믿는다. 더러운 것, 해로운 것, 추잡한 것을 삼가는 것으로 만족한다. 복음이 전파된 곳에서는 음란하고 죄악된 것들이 사라졌다. 우리는 홍키통크(honky-tonk, 미국의 선술집 등에서 연주하는 즉흥적이고 리듬감 있는 음악)를 생각만 해도 거부감이 생긴다. 일부 교회들에서는 때때로 들리는 '예수'라는 말을 뺀다면 찬송가인지 유행가인지 구별하기 힘든 노래들을 부르기도 하지만, 경건한 교회들에서는 구별된 찬송을 부른다.

그러나 이렇게 소극적으로 어떤 것들을 삼가는 것으로 우리의 의무가 끝나는가? 결코 그렇지 않다. 유감스럽게도, 적지 않은 그리스도인들은 이런 단계에 머물고 만다. 그러나 바울은 달랐다. 그는 '나쁜 것들' 뿐만 아니라 '좋은 것들'도 버렸다. 그는 "무엇이든지 내게 유익하던 것을 내가 그리스도를 위하여 다 해로 여길뿐더러"(빌 3:7)라고 말했다. 본래 그의 권리에 속하는 것, 그에게 유익이 되는 것, "누가 뭐래도 이것은 내 것이므로, 기독교 신앙을 받아들였다고 해서 내가 이것을 포기할

> 그리스도인들은 '성인용(成人用) 곰 인형'을 가지려고 한다. 그것이 물질이든 가족이든 명예든 안락이든 생명이든 그것은 '성인용 곰 인형'이다.

이유는 없다"라고 말할 수 있는 것을 그는 기꺼이 포기했다. 바울의 말을 다르게 표현하면 이런 뜻이 된다.

"나는 내게 좋은 것들까지도 포기했다. 왜냐하면 그것들보다 훨씬 더 좋은 것을 발견했기 때문이다. 그것은 바로 예수 그리스도이다. 그분은 아버지와 함께 계셨고, 지혜와 아름다움과 진리와 영생의 근원이요 샘이시다. 그분을 위해 나는 모든 것을 버렸다."

바울은 인간의 마음이 본질적으로 우상숭배를 좋아한다는 것을 알았다. 그는 자기가 소유한 것이면 무엇이든지 다 숭배하려는 경향이 인간에게 있다는 것을 꿰뚫어보았다. 그렇기 때문에 그는 '나쁜 것들' 뿐만 아니라 '좋은 것들'도 버렸다.

내 아이들이 어릴 적에 우리 집에는 몇 년 동안 곰 인형들이 굴러다녔다. 잠자리에 들 때 그들은 곰 인형을 들고 침대로 가곤 했다. 어른들은 곰 인형을 가지고 침대로 가지 않는다. 그러나 그리스도인들은 '성인용(成人用) 곰 인형'을 가지려고 한다. 그것이 물질이든 가족이든 명예든 안락이든 생명이든 그것은 '성인용 곰 인형'이다. 우리는 그것에 집착하지만, 하나님이 보시기에 그것은 곰 인형에 불과하다. 버리지 못하고 집착할 때 우리는 그것을 숭배하게 된다. 즉, 그것이 우리의 우상이 되는 것이다. 우리는 육체적 평안에 집착하는 경향이 강하다. 그러나 바울은 육체적 평안을 거부했다. 그는 자기가 날마다 죽는다고 말했다. 그는 늘 고난에 노출되었으며, 심지어는 3주 동안 밤낮 풍랑에 밀려 바다를 떠돌기도 했다. 예수님은 우리가 그 어떤 것에도, 심지어 우리의 목숨에도 집착해서는 안 된다고 가르치셨다. 이 땅에서의 유한한 생명에 집착하면, 영원한 생명을 잃을 것이다.

그러나 우리는 안전보장을 바란다. 이 세상에서 평안히 살 수 있는 안전보장과, 저 세상에서 영원히 평안히 살 수 있는 안전보장을 원한다. 형제자매들이여, 사도 바울의 말을 기억하라!

"나는 모든 것을 포기하고, 모든 것을 거부하고, 모든 것과의 관계를 끊었다."

마음을 사로잡는 보화

바울은 세상 그 무엇에도 마음을 빼앗기지 않았다. 만일 육신적인 것이 당신의 마음을 사로잡는다면, 그것은 언젠가 당신에게 저주가 될 것이다. 만일 바울이 지금 이 자리에 있다면 그는 "나는 육신적인 것을 포기한다. 당신은 그 이유를 아는가? 그것은 그리스도를 알기 위함이다. 무한히 아름다운 그분을 깊이 알고 교제하기 위해 내가 무엇이든 못 버리겠는가?"라고 말할 것이다. 이제까지 교회 주일학교의 선생님들은 이렇게 가르치지 않았는가?

"죽어서 지옥에 가면 안 되니까 그리스도를 믿어라. 그렇다고 해서 세상적인 삶을 굳이 버릴 필요는 없다. 어느 정도 깨끗한 삶을 살아라. 그리고 즐겁게 살아라."

그러나 이것은 신약성경의 교훈이 아니다. 바울의 교훈도 아니다. 그에게는 그리스도가 '우리의 즐거운 삶에 액세서리처럼 첨가되어야 할' 존재가 아니었다. 그는 그리스도의 매력에 무한히 빠져들었기 때문에 다른 것이 눈에 보이지 않았다. 바울은 가말리엘의 문하(門下)에서 배웠다. 바울은 지금으로 말하면 박사 학위를 받았을 정도로 많은 학식을 쌓은 사람이었지만, 그것을 배설물처럼 여겼다. 그의 영혼의 깊은 곳에서 울려 퍼지는 장엄한 고백을 들어보자!

"나도 육체를 신뢰할 만하니… 내가 팔일 만에 할례를 받고 이스라엘의 족속이요 베냐민의 지파요 히브리인 중의 히브리인이요… 율법의 의(義)로는 흠이 없는 자로라 그러나 무엇이든지 내게 유익하던 것을 내가 그리스도를 위하여… 모든 것을 잃어버리고 배설물로 여김은 그리스도를 얻고 그 안에서 발견되려 함이니"(빌 3:4-9).

혹시 당신은 소위 명문가의 혈통을 이어받은 것을 자랑하는가? 만일 그렇다면 당신은 아직도 육신적 수준에 머물러 있는 것이다. 아니면, 당신의 조상이 고관대작인 것을 자랑스럽게 여기는가? 그렇다면 당신은 여전히 세상적인 그리스도인이다. 그것도 아니면, 어떤 다른 혈통을 당신의 자존심의 근거로 삼는가? 똑똑히 기억하라. 왕족이든 사대부 집안이든 모든 혈통은 부패했다는 것을! 나는 귀족 출신이든 빈민굴 출신이든 상관하지 않는다. 왜냐하면 모두 썩었기 때문이다. 우리는 우리의 소유물, 지식, 외모, 능력을 자랑하지만, 바울은 모든 것을 해로 여기고 모든 것을 잃어버리고 모든 것을 배설물로 여겼다. 우리는 바울이 배설물로 여겼던 것들을 움켜쥐는 것이 '성공'과 '출세'라고 생각한다. 정신 차리라. 그런 세상적인 것들을 배설물로 여기는 것이 진정한 성공이다.

고작해야 현대의 기독교는 "도박을 하지 말라. 안 그러면 패가망신할 것이다. 술을 끊어라. 그렇지 않으면 노숙자로 전락할 것이다. 이것도 하지 말고, 저것도 하지 말라"라고 가르친다. 당신은 "나는 이런저런 저질스러운 것들을 행하지 않는다"라고 주장할지 모르지만, 바울은 "나는 그런 것들을 행한 적이 없었다"라고 대답할 것이다. 그는 그런 것들을 끊을 필요조차 없었다. 왜냐하면 양심적 유대인으로 살아온 그가 그런 것들을 행한 적이 없기 때문이다.

> 하나님은 질투하는 연인이시다. 하나님은 경쟁 상대를 용납하지 않으신다.

"나는 술을 마셨습니다. 그러나 주님을 영접하여 구원받은 후 술을 끊었습니다"라고 간증하는 사람들을 종종 볼 수 있다. 이것은 귀한 간증이요, 선한 일이다. 하지만 술을 마시지 않는 것은 당연한 것이요, 기본적인 것이다. 우리는 우리 문제의 본질을 제대로 보아야 한다. 기본적인 것에 머물면서 "나는 이런저런 것을 하지 않는다"라고 자위하는 것은 옳지 않다. 바울처럼 "오직 한 일 즉 뒤에 있는 것은 잊어버리고 앞에 있는 것을 잡으려고 푯대를 향하여 그리스도 예수 안에서 하나님이 위에서 부르신 부름의 상을 위하여 좇아가노라"(빌 3:13,14)라고 결심해야 한다.

「알 수 없는 구름」의 저자는 "내가 그대에게 간곡히 말하노니… 하나님은 질투하는 연인이시다. 하나님은 경쟁 상대를 용납하지 않으신다"라고 외친다. 이제 이 말의 깊은 의미가 깨달아지는가? 이제까지 우리는 얼마나 많은 것들을 하나님의 경쟁 상대로 만들었는가? 품위 있는 사람이나 자존심 있는 사람은 그의 연인이 다른 사람을 사랑하면 당연히 질투를 느낄 것이다. 즉, 경쟁 상대를 용납하지 않을 것이다. 「알 수 없는 구름」의 저자가 고어(古語)로 표현한 것을 내가 감히 투박하게 현대어로 옮겨서 표현할 것 같으면, 다음과 같다.

"하나님이 당신의 마음에 홀로 거하실 수 없다면 하나님은 당신의 마음 안에서 역사하지 않으실 것이다."

너무나 많은 우상

우리에게는 우상이 너무 많다. 우리에게는 우리가 이해하지 못하는 신학이 너무 많다. 우리에게는 교단이나 교파가 너무 많다. 우리에게는 제도주의(制度主義)가 너무 많다. 그렇다면 그 결과는 무엇인가? 우리에게 잡다한 것들이 너무 많기 때문에 하나님이 우리 안에 혼자 계시지 못한다는 것이다. 그러나 하나님은 "내가 너희 마음에 오직 홀로 거하지 않는다면 나는 역사하지 않겠다"라고 말씀하신다. 그리스도는 깨끗한 성전에 혼자 거하실 수 없다면 자신의 능력을 나타내지 않으실 것이다.

프랑수아 페넬롱(Francos Fénelon, 1651~1715. 프랑스의 왕실 목회자)은 "하나님이 일하시는 것은 땅 속 깊은 곳에서 광부가 일하는 것과 같다"라고 말했다. 당신은 광산에 가본 적이 있는가? 그곳에서는 광부들이 땅 속 깊은 곳에서 석탄, 금, 다이아몬드 같은 것들을 캐낸다. 그러나 그 위를 걷는 사람들은 그들의 발밑에서 그런 일이 벌어지고 있음을 알지 못한다. 프랑수아 페넬롱에 의하면, 하나님의 일하심도 바로 이와 같다는 것이다. 하나님은 보이지 않는 우리의 마음속에서 일하신다.

하지만 오늘날 우리는 어떤가? 우리는 극적(劇的)인 것이 아니면 별로 관심을 갖지 않는다. 우리는 하나님이 수염을 기르고 지팡이를 짚고 나타나서서 멋지게 연기를 해주시기를 원한다. 그렇지 않다면 하나님이 일하시는 것을 달가워하지 않는다. 이 세대의 사람들은 하나님이 폭죽을 터뜨리며 화려하게 나타나서 멋지게 일을 해치우시기를 학수고대한다. 그러나 그분은 이 세대에게 "너희 아담의 자손아! 너희 세속의 자녀들아! 너희 음란한 세대야! 너희는 잘못 배웠고, 내 아들에 대해 잘못 판단하고 있다. 그러니 내가 어찌 너희 안에서 역사할 수 있겠느냐?"라고 말씀하신다. "내가 너희 마음 안에 혼자 거할 수 없다면, 나는 너희 안에서 역사하지 않을 것이다"라는 하나님의 간곡한 말씀이 들리지 않는가?

어떤 사람들은 성전(聖殿)을 깨끗케 해야 할 것이다. 성전에서 돈 바꾸는 자들의 상을 둘러엎고 짐승을 내쫓고 오물을 퍼내라. 주 예수님의 경쟁 상대가 될 만한 것들을 모두 제거하라. 다시 말하지만, 그분은 질투하는 연인이시기 때문에 경쟁 상대를 용납하지 않으신다. 「알 수 없는 구름」의 저자는 "그대의 눈을 하나님께만 향하게 하라. 그대의 마음이 하나님을 향한 사랑으로만 불타게 하라. 하나님이 아니라면 그 어떤 것도 생각하지 않겠다고 결심하라"라고 외친다. 그렇다! 당신의 지성 안에도, 감정 안에도, 의지 안에도 오직 하나님만이 계시도록 하라.

> 당신의 지성 안에도, 감정 안에도, 의지 안에도 오직 하나님만이 계시도록 하라.

오직 그리스도!

A.B. 심슨(A.B. Simpson, 1843~1919, 미국의 저명한 복음전도자)의 위대함에 대해 말해주고 싶다. 그가 능력의 사역자가 될 수 있었던 것은 그의 신학 때문이 아니다. 분명히 말하지만, 그는 존 칼빈 같은 신학자들에 비하면 결코 탁월한 신학자가 아니었다. 심슨의 위대함과 능력의 비밀은 주님을 향한 그의 식을 줄 모르는 사랑이었다.

심슨은 '오직 그리스도'라는 찬송가(우리 찬송가 498장에 '은혜 구한 내게 은혜의 주님'이라는 제목으로 실려 있다 - 역자 주)를 지어서 그리스도인들에게 영적으로 큰 유익을 주었다. 이 찬송가는 "오직 그리스도만이 우리에게 필요하다"라는 주제를 노래한다.

심슨이 이 찬송가를 짓게 된 과정은 매우 흥미롭다. 그는 성경 세미나를 위해 영국의 런던으로 갔다. 그 세미나에서 '성화'(聖化)를 주제로 세 사람이 설교를 하기로 되어 있었는데, 그가 세 번째 설교자로 결정되었다. 짐작하겠지만, 세 사람이 연속 설교해야 할 상황에서 세 번째로 설교한다는 것은 불리한

입장에서 설교하는 것이라고 말할 수 있다. 아무튼 첫째 설교자가 일어나 설교를 했다. 그는 "거룩한 승리의 삶을 살 수 있는 비결은 '옛 사람'을 억제하는 것입니다"라고 말했다. 그는 '옛 사람의 억제'를 가르친 것이다.

그 다음, 둘째 설교자가 일어나서 "잡초를 죽이려면 그것을 뽑아내어 뿌리를 태양 볕에 말려야 합니다. 이처럼 우리도 옛 사람을 근절(根絕)해야 합니다. 그렇게 할 때 과거의 육적(肉的) 삶에서 벗어날 수 있습니다"라고 말했다. 그는 '옛 사람의 근절'을 주장한 것이다.

그 다음은 심슨이 설교할 차례였다. 앞의 두 설교자의 주장들 사이에 미묘한 차이가 있음을 간파한 심슨은 '오직 그리스도'라는 제목으로 설교를 시작했다. 우선 그는 자기가 승리하는 신앙생활을 위해 얼마나 노력했는지에 대해 간증했다.

"때때로 나는 승리를 얻었습니다. 하지만 그 다음에는 승리를 잃어버리곤 했습니다. 이렇게 승리와 패배가 반복되는 중에 나는 고민하지 않을 수 없었습니다. 결국 '오직 그리스도'만이 나의 성화요, 성공이요, 승리이심을 깨달았을 때 나의 삶에는 영광이 찾아왔습니다."

심슨은 미묘한 차이를 보인 두 설교자 중 그 누구의 편을 들지 않고도 절묘하게 자신의 주장을 충분히 개진할 수 있었다.

얼마나 지혜로운 처신인가! 얼마나 올바른 신학인가! 이런 일이 있었을 즈음에 그는 그의 유명한 찬송가를 지었던 것이다.

은혜 구한 내게 은혜의 주님
은사 원한 내게 은사의 주님
신유 구한 내게 신유의 주님
나의 마음속에 지금 오셨네.
나의 생명 되는 내 주 예수는
영원토록 모셔 내 기쁨 넘치네.

오늘날은 '오직 그리스도'라는 신학이 실종된 것 같다. 이제 기독교는 하나님께 무엇을 얻어내는 수단으로 전락한 것 같다. 예를 들어보자. 우리는 하나님에게서 더 많은 물질적 복(福)을 얻어내기 위해 헌금을 드리지 않는가? 이것은 영성(靈性)이 아니라 사업이다. 자기의 사업을 위해 하나님을 이용한다? 이것은 성경의 가르침이 아니다. 바울의 가르침도 아니다. 바울은 이런 식의 거래를 이미 오래전에 포기했다. 「알 수 없는 구름」의 저자가 지금 우리 곁에 있다면, 그는 신앙을 가장한 사업을 통렬히 비판하면서 '오직 그리스도'라고 외칠 것이다.

가장 고상한 것

나는 크리스천 기업가들을 비판하고 싶은 마음이 조금도 없다. 하지만 나는 그들이 자칫 잘못하면 신앙을 사업으로 착각할 수도 있다고 경고하고 싶다. 기독교가 내세의 천국뿐만 아니라 이생의 물질적 복을 보장해준다고 믿는 크리스천 기업가들이 있다면, 그들은 착각 속에서 살아가는 것이다.

그리스도를 따른다고 해서 언제나 물질적 성공이 보장되는 것은 아니다. 내가 보기에, 그리스도의 제자가 되는 것과 물질적 성공은 거의 관계가 없다. 만일 당신이 "그렇다면 그리스도를 따르는 것은 무엇을 의미하는가?"라고 묻는다면, 나는 바울의 말을 들려주고 싶다. 그는 "모든 것을 해(害)로 여김은 내 주 그리스도 예수를 아는 지식이 가장 고상함을 인함이라"(빌 3:8)라고 말했다. 교회의 역사 속에서 그리스도의 제자들은 예수를 아는 고상한 지식 때문에 모든 것을 해(害)로 여겼다.

물질적 성공에 집착하지 않는 크리스천 사업가가 하나님의 도우심으로 성공했다면, 그의 성공이 자칫 그에게 올무가 될 수 있기 때문에, 그는 그것을 해(害)로 여겨야 한다. 그것을 해로 여기는 방법은 자기의 소유를 최대한 다른 사람들에게 나누어주는 것이다. 그리고 그는 생명과 집과 자동차가 있음을 하나님께 감사하면 된다.

그러나 오늘날 우리의 모습은 어떤가? 기독교는 물질을 얻기 위한 수단으로 전락한 것 같다는 느낌이 들지 않는가? 바울은 신앙을 수단으로 여길 정도로 어리석은 사람이 아니었다. 그렇기 때문에 그는 이렇게 말한다.

> 오늘날 우리의 모습은 어떤가? 기독교는 물질을 얻기 위한 수단으로 전락한 것 같다는 느낌이 들지 않는가?

"모든 것을 해로 여김은 내 주 그리스도 예수를 아는 지식이 가장 고상함을 인함이라 내가 그를 위하여 모든 것을 잃어버리고 배설물로 여김은 그리스도를 얻고 그 안에서 발견되려 함이니… 내가 그리스도와 그 부활의 권능과 그 고난에 참예함을 알려 하여 그의 죽으심을 본받아 어찌하든지 죽은 자 가운데서 부활에 이르려 하노니"(빌 3:8-11).

「알 수 없는 구름」의 저자도 바울처럼 지혜로운 사람이었기 때문에 이렇게 말한다.

"그리스도 이외의 다른 것들… 그것들은 그냥 내버려두어라. 그것들에 신경 쓰지 말라."

바울이나 「알 수 없는 구름」의 저자와는 달리 기독교를 부(富)의 획득 수단으로 믿는 사람들은 큰 낭패를 당하기 쉽다. 어떤 독자들은 이 책이 자기의 철학과 맞지 않는다고 이 책을 던져버릴지도 모르겠다. 그런 사람들은 주사 한 방이나 알약 하나로 쉽게 감기를 떨어버리듯이 기독교를 이용하여 쉽게 인생의 문제들을 해결하려는 사람들이다. 그리하여 그들은 한 방에 그들의 문제를 해결해준다고 자처하는 책들을 탐독(耽讀)한다. 기독교는 '한 방의 종교'가 아니다. 기독교가 그런 것이라면, 그리스도가 채찍에 맞고 십자가에 달리시는 일도 없었을 것이고, 사도 바울이 그토록 고난을 당하지도 않았을 것이다. 교회의 역사(歷史)를 보라. 고독 속에서 살다간 성도들, 세상에서 버림받은 신자들, 형장의 이슬로 사라진 순교자들이 보이지 않는가?

영혼의 '이쉬'

내가 죽기 전에 이루고 싶은 소원이 있다면, 그것은 신앙의 위인들이 보았던 예수 그리스도의 영광과 아름다움을 다시 보는 것이다. 어떤 믿음의 형제는 이렇게 노래했다.

주님에게는 너무나 아름다운 이름들이 많습니다.
형제, 목자, 친구 그리고 왕…
하지만 이것들 중 그 어떤 것도
제 영혼에 '이쉬'(Ishi, '내 남편'이라는 뜻의 히브리어)만큼
힘이 되는 것은 없습니다.

'이쉬', 보석(寶石)인 '이쉬'!

시대가 수천 번 바뀌어도 주님은 저의 '이쉬' 입니다.

천사들도 그 영광을 맛보지 못하는

제 영혼의 거룩한 '이쉬'!

다른 기쁨들은 모두 덧없지만,

주님은 결코 저를 떠나지 않으십니다.

주님은 무한히 아름다우신 '이쉬',

제 마음의 '이쉬' 되십니다(호 2:16 참조).

우리 믿음의 조상은 이렇게 노래했는데, 지금 우리는 어떤가? 이렇게 노래하는가? 지금도 일부 사람들은 이렇게 노래할 수 있을 것이다. 하지만 너무나 많은 사람들은 그렇지 못하다. 그 이유는 이 노래에 담긴 깊은 영적 진리를 체험하지 못하기 때문이다. 훌륭한 노래가 대중에게 거부당할 때에는 그만한 이유가 있다. 그 이유란 그것을 이해하지 못하는 대중이 재미를 느끼지 못하기 때문이다. 당신이 로큰롤을 좋아한다면, '이쉬'를 좋아할 수 없을 것이다. 당신이 '유혹적인 그대의 눈길'이라는 노래를 좋아한다면, '이쉬'를 좋아할 수 없을 것이다.

영적 성공의 삶

영적 성공의 삶은 하나님 이외의 모든 것을 버리는 삶이다. 영적 성공은 내 가족만 잘 먹고 잘 살려고 발버둥치는 짓을 그만두는 것이다. 그것은 하나님을 이용하여 사업의 번창을 도모하는 짓을 중단하는 것이다. 다시 말하지만, 하나님이 당신 안에 혼자 계실 수 없다면 하나님은 당신 안에서 역사하지 않으실 것이다.

여기에 젊은 설교자가 있다. 그는 공부를 많이 하느라고 눈이 나빠져서 안경을 써야 할 지경이 되었다. 그가 그토록 공부를 많이 하는 이유는 '유명한 설교자'가 되기 위해서이다. 그는 유명한 설교자가 되기 위해 그리스도를 이용하는 것이다. 그는 단지 물건을 싼 값에 사서 비싼 값에 팔아 이윤을 남기는 장사꾼에 불과하다. 그는 목사 안수를 받은 후 '아무개 목사님'이라고 불릴 것이다. 그가 책을 쓴다면 '아무개 박사'라고 불릴 것이다. 그러나 목사가 되고 박사가 된다 해도 그는 여전히 장사꾼에 불과하다. 주님이 다시 오시면 그를 성전에서 쫓아내실 것이다.

우리는 누구나 자신의 목적을 위해 주님을 이용하는 잘못을 범할 수 있다. 적어도 주님을 이용하려고 시도할 수 있다. 그러나 바울은 무엇이라고 가르쳤는가? 교회의 역사는 무엇이라고 가르치는가? 성경과 역사의 교훈은 "하나님을 이용하지 말고 하나님이 우리를 사용하시도록 순종하라"라고 가르친다.

> 하나님을 이용하지 말고 하나님이 우리를 사용하시도록 순종하라.

'종다리'라는 새가 있다. 높이 올라가는 성질을 가진 이 녀석은 높이 올라가면서 노래를 부른다. 그래서 시인들은 종다리가 높이 올라가 천국의 문에서 찬송가를 부른다고 말하기도 했다. 이 녀석이 너무 높이 올라가 눈에 보이지 않을지라도 그 노랫소리는 우리의 귀에 들린다. 영적 성공의 길을 걷고 있는 영혼도 이런 종다리에 비유될 수 있다. 자신의 모습은 감추지만, 그에게서 나오는 찬송으로 하나님께 영광을 돌린다.

내가 즐겨 인용하는 시 한 편을 소개하겠다.

하나님의 눈꺼풀에서 사랑이 배어나오고,
그 사랑은 넓고 넓은 천상을 기쁨으로 채운다.
하나님의 면전에서 그룹들은 얼굴을 가리고,
사랑의 기쁨으로 요동친다.

오늘날의 그리스도인들은 이 시가 노래하는 기쁨을 아는가? 그들은 그들의 종교가 돌아가게 만들려면 몇 트럭분의 보조 도구들을 사용하지 않으면 안 된다. 그들이 이럴 수밖에 없는 이유는 이 시인이 노래한 천상의 기쁨을 모르기 때문이다. 얼마나 가련한 종교인들인가! 한번은 기독교 라디오 방송에서 어떤 사람이 자기 자랑을 늘어놓는 것을 들었다. 그가 무엇을 자랑했는가? 그는 주님을 섬기기 위한 도구들을 펜실베이니아와 오하이오에서 들여올 예정이라고 자랑했다. 나는 그에게 묻고 싶다.

"주님을 섬기는 데 무슨 도구가 필요한가?"

당신에게 필요한 것은 두 무릎이다. 무릎을 꿇고 기도하면 된다. 관절염 때문에 무릎을 꿇을 수 없다면, 마음속으로 하늘을 우러러보고 기도드려라. 사실 무릎을 꿇는 것이 기도의 본질은 아니다. 기도의 본질은 당신의 마음이 하나님을 향하는 것이다. 무릎이 아프든 정상이든 마음을 하나님께 향하도록 하면 된다. 감옥에서, 비행기에서, 선박에서, 어디에서든 하나님께 기도하고 예배할 수 있다. 왜냐하면 우리에게는 오직 하나님만이 필요하기 때문이다!

내가 부흥에 조금이라도 관심이 있다면 그것은 오직 사람들로 하여금 주 예수 그리스도 앞에서 기쁨으로 떨게 만드는 부흥이다.

신앙생활의 적, 게으름

나는 날마다 잠언을 깊이 묵상해오고 있다. 그런데 잠언 13장에서 눈길이 멈추었다. 특히 4절에 이르렀을 때 나는 미소 짓지 않을 수 없었다.

"게으른 자는 마음으로 원하여도 얻지 못하나"(잠 13:4).

70인역(B.C. 250년경 유대인 학자 70명이 알렉산드리아에 모여 구약을 히브리어에서 헬라어로 옮긴 번역본)을 영어로 옮긴 번역본에서는 이것이 "게으른 자는 마음으로 원하기만 한다"라고 표현되어 있다. 게으름뱅이는 원하기만 할 뿐 행동이 없다는 말이다.

'게으름뱅이'를 영어로 '슬러거드'(sluggard, 접미사 -ard는 '극단적으로 ~하는 사람'이라는 뜻이다)라고 한다. 이 단어는 '민달팽이'라는 뜻의 '슬러그'(slug)에서 유래했다. 그러므로 게으름뱅이는 민달팽이처럼 느린 사람이라는 뜻이다. 민달팽이는 유선형(流線型)으로 생긴 달팽이의 일종(一種)이다. 이놈이 기어간 자리에는 축축하게 젖은 선(線)이 그어지는데, 천 년 동안 기어간다고 가정해도 고작 1.6킬로미터 정도를 간다고 한다.

추측하건대 밖에 나가 느림보 민달팽이를 본 사람이 집에 들어와 게으름뱅이 아들을 보았을 때 "이 '슬러그' 같은 놈아, 너는 '슬러거드'야!'라고 꾸짖었을 것이고, 그리하여 '슬러거드'

라는 말이 생겨났을 것이다. 사실 나는 "사람이 아무리 느리다 해도 달팽이처럼 느릴 수 있겠느냐?"라고 생각했기 때문에 게으름뱅이를 '슬러거드'라고 부르는 것이 너무 심한 과장이라고 느꼈다. 그러나 따지고 보면 게으름뱅이나 달팽이나 느린 것은 매한가지이다.

성경은 "게으른 자는 마음으로 원하기만 한다"라고 말한다. 그는 신령한 사람이 되기를 원한다. 마음으로는 수십 번도 더 교회에 간다. 마음으로는 새로 온 부흥사의 설교를 들으러 도시의 이쪽 끝에서 저쪽 끝까지 뛰어다닌다. 그러나 그의 몸은 움직이지 않는다. 많은 그리스도인들이 이렇지 않은가? 그들을 어찌할 것인가? 당신은 그들을 깨울 수 있는가? 당신은 어떨지 몰라도 나는 할 수 없다. 내가 할 수 있는 방법들을 총동원해 보았지만, 나로서는 할 수 없다는 결론에 도달했을 뿐이다. 내가 보기에, 게으름뱅이는 주님이 오실 때까지 게으름뱅이일 뿐이다.

그러나 나는 게으름뱅이들에게 한마디만 하겠다. 만일 아내가 자기의 영혼을 돌보는 것처럼 집안 살림을 한다면 이혼소송에 휘말릴 것이다. 만일 남편이 자기의 영혼을 돌보듯이 사업을 벌인다면 수일 내로 망할 것이다.

결단의 시간

당신이 결단해야 할 때가 되었다. 「알 수 없는 구름」의 저자의 말을 참고하자.

> 당신이 안락을 원한다면, 하나님을 찾지 말라. 좁은 길을 가려는 당신의 노력을 비웃는 친구들을 두려워한다면, 하나님을 찾지 말라.

"당신이 깨어나서 하나님을 향하여 눈을 든다면, 세상적 욕심을 버리고 오직 하나님만을 찾는다면, 아무 경쟁 상대 없이 하나님이 당신 안에서 역사하시게 한다면, 지옥의 친구들은 당신에게 분노할 것이다. 그들은 당신을 쓰러뜨리기 위해 수단과 방법을 가리지 않을 것이다. 당신을 집요하게 괴롭힐 것이다."

그러므로 당신이 안락을 원한다면, 하나님을 찾지 말라. 좁은 길을 가려는 당신의 노력을 비웃는 친구들을 두려워한다면, 하나님을 찾지 달라. 그러면 마귀가 당신에게 얼마 동안은 안락과 평안을 주다가 그후에 당신을 지옥으로 보낼 것이다. 그렇기 때문에 「알 수 없는 구름」의 저자는 이렇게 경고한다.

"당신이 하나님을 찾는 것을 방해하는 세력을 용납하지 말라. 당신이 그렇고 그런 수준의 신앙에서 탈피하여 높은 수준으로 올라가려고 노력할 때 당신에게 제일 먼저 다가오는 존재는 바로 마귀이다. 그는 당신을 제지하려고 사력을 다할 것이다. 그러나 물러서지 말라. 전진하라. 심지어 마음이 내키지 않을 때에도 기도해야 한다."

기도하고 싶은 마음이 들 때가 있고, 그렇지 않을 때가 있다. 어떤 사람들은 감정적 자극을 받을 때에만 기도하는 경향이 있지만, 신앙의 위인들은 그렇지 않았다. 감정적 자극이 없을 때에도 그들에게는 「알 수 없는 구름」의 저자가 '오직 하나님을 향한 열망'이라고 부른 것이 있었다. 그렇다. 우리에게 필요한 것은 바로 '오직 하나님을 향한 열망'이다. 세상과 물욕(物慾)을 버리고 오직 하나님만을 알겠다는 열망! 우리의 마음을 오직 하나님의 아들을 향해서만 열겠다는 열망! 이런 열망이 우리에게 필요하다.

남편과 아내, 아버지와 아들, 어머니와 딸, 사장과 사원, 납세자와 시민, 이런 인간관계들에 얽매이지 말라. 우리의 마음 깊은 곳에는 오직 한 분의 연인만이 계셔야 한다. 왜냐하면 그분은 "경쟁 상대를 용납하지 않으시기" 때문이다.

02
내가 세운 비전을 과연 하나님이 기뻐하시겠는가?

"하나님과 돈, 하나님과 나의 야망 사이에서 선택을 하라면 나는 어떻게 할 것인가?" 많은 청소년들이 십대(十代)에는 하나님을 열심히 찾다가 그후에는 '비전'이라는 미명 하에 자기의 야망을 택하는 경향이 있다.

다윗이 승리한 비결

"하나님이여 나를 긍휼히 여기시고 나를 긍휼히 여기소서 내 영혼이 주께로 피하되 주의 날개 그늘 아래서 이 재앙이 지나기까지 피하리이다 내가 지극히 높으신 하나님께 부르짖음이여 곧 나를 위하여 모든 것을 이루시는 하나님께로다 저가 하늘에서 보내사 나를 삼키려는 자의 비방에서 나를 구원하실지라(셀라) 하나님이 그 인자와 진리를 보내시리로다 내 혼이 사자 중에 처하며 내가 불사르는 자 중에 누웠으니 곧 인생 중이라 저희 이는 창과 살이요 저희 혀는 날카로운 칼 같도다 하나님이여 주는 하늘 위에 높이 들리시며 주의 영광은 온 세계 위에 높아지기를 원하나이다"(시 57:1-5).

이것은 다윗이 사울에게 쫓기며 적들에게 둘러싸였을 때 쓴 시이다. 탁월한 표현력의 소유자인 다윗은 자기가 처한 곤경을 아주 잘 그려준다. 그는 자기가 사자들에게 둘러싸여 있는데, 그들의 이는 창과 화살이며 그들의 혀는 날카로운 칼 같다고 말한다. 그를 해치려고 달려드는 사람들은 사울 왕의 권세를 등에 업은 사람들이었으나, 그는 오직 하나님만을 의지해야 했다. 그리하여 성령님을 의지하는 법을 잘 배웠던 그는 우리 같으면 생각하기 힘든 방법을 생각해냈다. 그 방법은 하나님께서 그와 그의 원수들 사이에 개입하시도록 하는 것이었다.

다윗은 자기가 승리해야 한다고 생각했지만, 자기가 높아져야 한다고 믿지는 않았다. 그래서 그는 "제가 저 범죄한 왕을 쫓아내고 왕이 될 사람입니다. 오, 하나님! 어서 오셔서 원수들을 제 발밑에 굴복시키시고 저를 구하소서"라고 기도하지 않았다. 그는 이렇게 기도할 정도로 어리석은 사람이 아니었다. 그는 "하나님이여 주는 하늘 위에 높이 들리시며 주의 영광은 온 세계 위에 높아지기를 원하나이다"(시 57:5)라고 기도했다. 그러므로 우리는 다윗이 시편 57편 1-5절에서 이렇게 말했다고 정리할 수 있다.

"오, 하나님! 저에게 무슨 일이 일어나든 오직 주만 높아지기를 원합니다. 사람들이 날카로운 이빨과 발톱과 창과 화살을 가지고 저에게 어떻게 행하든 간에 저는 하나님의 영광이 온 땅 위에 퍼지기를 원합니다. 오, 하나님! 제 마음은 오직 주를 향합니다. 저는 주를 찬양할 것입니다. 이는 주께서 하늘 위에 높아지시고 주의 영광이 온 땅에 퍼지기를 원하기 때문입니다."

다윗의 생각은 하나님 중심적 사고방식이다. 우리는 다윗처럼 생각하는가? 이 점에서는 우리가 반성해야 할 것이다. 우리는 다윗의 하나님 중심적 사고방식을 배우고 가르치고 실천해야 할 것이다. 그는 하나님께서 높아지지 못하신다면 그의 승리도 무의미하게 된다는 것을 잘 알았다. 그의 승리를 통해 하나님이 영광을 받지 못하셨다면 오히려 다윗이 영광을 받을 수도 있었다. 만일 이런 일이 실제로 일어났다면 다윗은 승리하고도 사실상 패배한 사람이 되었을 것이고, 따라서 그 대가를 톡톡히 치렀을 것이다. 그러나 하나님 중심적 사고방식을 가진 다윗은 하나님을 높였으며, 그로 인하여 그의 승리는 진정한 승리가 되었다.

이것이 작은 비밀이다. 나는 여기서 이야기를 끝낼 수도 있다. 그렇다 하더라도 우리는 중요한 교훈들 중 하나를 배운 것이다. 그것은 하나님께서 가장 높으시다는 교훈이다. 우리가 "하나님은 광대하시다"라고 말할 때 우리는 그분을 '크신 하나

> 우리의 사고방식, 행위, 사상, 모든 삶의 태도들에서 우리가 하나님께 합당한 자리를 내어드리지 않는 것이 도덕적 타락의 시작이다.

님'으로 만드는 것이 아니다. 우리는 그분을 '크신 하나님'으로 만들 수 없다. 왜냐하면 그분은 이미 무한히 크신 분이기 때문이다. "하나님은 광대하시다"라고 말한다는 것은 본래 크신 그분을 '크신 하나님'으로 인정한다는 말이다. 하나님을 높인다고 말할 때 사실 그 의미는 우리가 하나님을 높아지게 만드는 것이 아니다. 왜냐하면 하나님은 이미 높으신 분이기 때문이다. 하나님을 높인다는 것은 본래 높으신 분을 '높으신 분'으로 인식한다는 것이다.

거꾸로 된 관계

이 세상의 본질적인 문제는 세상과 하나님 사이의 관계가 거꾸로 되어 있다는 것이다. 우리의 사고방식, 행위, 사상, 모든 삶의 태도들에서 우리가 하나님께 합당한 자리를 내어드리지 않는 것이 도덕적 타락의 시작이다. 수많은 사람들이 하나님께 기도드린다. 그러나 '우리가 기도하지 않는 시간에 우리는 하나님을 어디에 모시는가? 기도할 때가 아니라 그렇지 않을 때 하나님이 어디에 계시는가? 라는 질문이 하나님을 향한 우리 마음의 태도를 판단하는 중요한 척도이다.

당신 자신에게 이렇게 물어보라.

"하나님과 돈, 하나님과 나의 야망 사이에서 선택을 하라면 나는 어떻게 할 것인가?"

많은 청소년들이 십대(十代)에는 하나님을 열심히 찾다가 그 후에는 '비전'이라는 미명 하에 자기의 야망을 택하는 경향이 있다. 그들은 자기의 재능을 발견하여 계발한다. 세상은 그들의 재능을 발견하고 그들을 고용하려고 한다. 이때 그들에게 제공되는 일자리가 경우에 따라서는 그들을 하나님과 교회로부터 멀어지게 만드는 비신앙적(非信仰的)인 것일 수도 있다. 그럴 경우 그들은 양자택일에 직면한다. 하나님을 택할 것인가, 야망을 따를 것인가? 내가 보기에, 대부분의 젊은이들이 그들의 야망을 따른다.

하나님의 뜻을 따를 것이냐 아니면 육신적 즐거움을 추구할 것이냐의 문제에서 우리는 어떤 선택을 하는가? 이 선택의 문제를 투표에 붙인다고 가정할 때, 하나님은 세상 사람들에게서는 한 표도 못 얻으실 것이다. 그렇다면 교회에서는 어떨까? 교회에서는 하나님이 모든 표를 다 얻으시는 것이 당연한데도 교회는 대개 육신적 즐거움 쪽으로 많은 표를 던질 것이다. 다만 교회 사람들은 적당한 선에서 타협점을 찾아 하나님과 육신적 즐거움 사이에서 양다리를 걸치는 경향이 있다.

하나님과 결혼 사이에서 양자택일이 이루어져야 한다면 사람들은 어떤 선택을 하는가? 나는 남자나 여자 중 어느 한쪽이 그리스도인이 아니기 때문에 그들이 갈라서는 경우를 여러 번 보았다. 얼마 전에 한 젊은 여자 그리스도인이 내게 찾아왔다. 그녀는 "내가 사귀던 남자가 있었습니다. 우리는 결혼을 할까 했었지만, 결국 나는 그와 결혼하지 않기로 결정했습니다. 그 이유는 그가 그리스도인이 아니기 때문입니다"라고 말했다. 하지만 이런 경우는 매우 드물다. 결혼과 하나님 사이에서 택일해야 할 경우 대부분의 사람들은 결혼을 선택한다. 대부분의 젊은이들은 결혼을 해야 하느냐 마느냐 또는 누구와 결혼해야 하느냐를 놓고 고민할 때 하나님께 묻지 않는다.

하나님과 친구 사이에서 양자택일을 해야 할 경우는 어떤가? 그리스도를 위하여 친구를 포기하는 사람들은 많지 않다. 그리스도를 위하여 자아를 포기하는 사람들도 많지 않다. 하나님과 어떤 다른 것들 사이에서 선택해야 할 때 우리는 어떻게 하는가? 대개의 경우 우리는 다른 것들을 택한다. 그렇기 때문에 우리의 신앙 상태가 늘 제자리에 머무는 것이다. 축복도 이유 없이 찾아오지 않고, 저주도 이유 없이 찾아오지 않는다. 심은 대로 거두는 것이다.

만일 하나님과 아름다운 신붓감 사이에서 택일(擇一)해야 할 입장에 있는 젊은이가 "하나님이여 주(主)는 하늘 위에 높이 들리시며 주의 영광은 온 세계 위에 높아지기를 원하나이다"(시 57:5)라고 말한다면 그는 진정으로 성공한 삶을 살게 될 것이다. 야망에

> 축복도 이유 없이 찾아오지 않고, 저주도 이유 없이 찾아오지 않는다. 심은 대로 거두는 것이다.

불타는 젊은이가 자기의 야망을 접고 "하나님의 이름이 저의 야망보다 높아지기를 원합니다"라고 말할 수 있다면, 그는 영적 성공자가 될 것이다. 하나님은 이 세상의 그 무엇보다 먼저 하나님을 선택하는 사람들에게 진정한 성공의 복을 안겨주실 것이다. 그러나 우리가 세상의 출세에 눈이 멀어 세상과 짝하는 쪽으로만 매진한다면, 바람에 날리는 겨와 같이 되고 말 것이다.

하나님을 높이지 않는 사람들

이 세상은 알 수 없는 불확실한 미래를 향해 비틀거리며 무거운 발걸음을 옮기고 있다. 이렇게 된 원인은 우리가 하나님을 낮추고 사람들을 높이기 때문이다. 인본주의(人本主義) 사상이 침투하여 인간의 정신을 진리의 척도로 만들어버렸을 때 신학은 학문의 여왕의 자리에서 쫓겨났다. 이렇게 된 원인은 우리가 하나님을 두시했기 때문이다. 이 세상이 현재와 같은 혼

란과 불확실성에 빠진 것은 사람들의 마음속에 하나님의 자리가 없기 때문이다.

하나님의 구속(救贖) 사역은 거꾸로 된 현상을 바로잡기 위한 것이다. 즉, 하나님은 사람들이 자기들을 낮추고 하나님을 높일 수 있도록 만들기 위하여 구속 사역을 이루신 것이다. 구속 사역을 이루기 위하여 하나님이 이 땅에 내려오셨다. 그분은 낮아지셨다. 이에 대해 사도 바울은 "그는 근본 하나님의 본체시나 하나님과 동등됨을 취할 것으로 여기지 아니하시고 오히려 자기를 비어 종의 형체를 가져 사람들과 같이 되셨다"(빌 2:6,7)라고 말한다. 예수님은 자기를 낮추셨다. 낮아지는 것은 사람들이 지극히 싫어하는 것이다. 하지만 그분은 그렇게 하셨다. 그분은 종의 형체를 취하셨는데, 이것은 자기를 낮춘 것이었다. 그분은 사람들과 같이 되셨는데, 이것은 자기를 더욱 낮춘 것이었다. 그러나 여기서 끝난 것이 아니었다. 바울의 말을 계속 들어보자.

"사람의 모양으로 나타나셨으매 자기를 낮추시고 죽기까지 복종하셨으니 곧 십자가에 죽으심이라"(빌 2:8).

십자가에서 죽으신 것! 이것이 낮아짐의 마지막 단계였다. 십자가에서 죽으시는 것보다 더 낮아질 수 있겠는가? 예수님은 끝까지 낮아지셨다. 그렇다면 그 결과는 무엇이었는가? 바울의 말을 더 들어보자.

"이러므로 하나님이 그를 지극히 높여 모든 이름 위에 뛰어난 이름을 주사 하늘에 있는 자들과 땅에 있는 자들과 땅 아래 있는 자들로 모든 무릎을 예수의 이름에 꿇게 하시고"(빌 2:9,10).

예수님이 자기를 낮추고 하나님을 높이셨을 때 결국 하나님은 예수님을 높여주셨다. 이 진리는 우리에게도 그대로 적용된다. 우리가 하나님을 높이고 스스로를 낮춘다면, 하나님은 때가 되면 우리를 높여주실 것이다. 그렇기 때문에 베드로는 "하나님의 능하신 손 아래서 겸손하라 때가 되면 너희를 높이시리라"(벧전 5:6)라고 가르친다. 그러나 문제는 우리의 육신적 마음이 당장 높아지기를 원한다는 것이다. 이런 우리의 마음을 잘 아시는 하나님은 우리에게 이렇게 말씀하신다.

"내 자녀들아, 너희는 기다릴 줄 알아야 한다. 내 아들은 너희들에게로 내려가 33년 동안 자기를 낮추었다. 거기서 끝나지 않고 그는 계속 자기를 낮추었다. 그가 더 이상 낮출 수 없을 정도까지 낮아졌으니, 곧 십자가에서 죽었다. 그렇기 때문에 나는 그를 높여서 내 우편에 앉게 해주었다. 이것은 '나를 존중히 여기는 자를 내가 존중히 여긴다'(삼상 2:30)는 나의 약속을 실현한 것이다."

> 구원의 목적은 우리의 마음을 즐겁게 해주는 것이 아니라, 우리의 거꾸로 된 가치관을 바로잡아 하나님께 영광을 돌리는 것이다.

예수 그리스도는 고통스러운 죽음과 굴욕적인 비하(卑下)를 당하면서도 하나님을 높이셨다. 그러자 하나님은 예수를 자기 우편에 앉게 해주시고, 예수에게 천사들보다 높은 이름을 주셨다.

"하나님께서 어느 때에 천사 중 누구에게 네가 내 아들이라 오늘날 내가 너를 낳았다 하셨으며 또 다시 나는 그에게 아버지가 되고 그는 내게 아들이 되리라 하셨느뇨"(히 1:5).

하나님의 영광

구원에 대한 우리의 이해가 유치원생 수준의 이해에 머무는 경향이 있다. 다시 말해, 우리는 구원의 목적이 우리를 행복하게 만드는 것이라고 믿는 경향이 있다. 이런 경향은 도처에서 감지된다. 심지어 행복해지는 법을 가르쳐준다고 자처하는 책들도 "예수님을 받아들이세요. 그러면 기쁨을 얻을 것입니다"라고 가르친다. 그러나 구원의 목적은 우리의 마음을 즐겁게 해주는 것이 아니라, 우리의 거꾸로 된 가치관을 바로잡아 하나님께 영광을 돌리는 것이다. 구원은 하나님을 높이고 우리를 낮추어 티끌 중에 처하게 하는 것이다. 이렇게 우리를 낮출 때 하나님은 우리를 다시 높이신다. 그러므로 낮아져서 티끌 중에 처한 적이 없는 사람은 영광의 자리에 오를 수 없다. 이것이 하나님이 정하신 법칙이다.

주님은 "아무든지 나를 따라오려거든 자기를 부인하고 날마다 제 십자가를 지고 나를 좇을 것이니라"(눅 9:23)라고 가르치셨다. 우리는 가정과 배우자와 부모와 심지어 자기의 생명도 버려야 한다(마 19:29 ; 눅 14:26). 우리는 "오, 하나님! 하나님과 가정 사이에서, 아내(남편)와 하나님 사이에서, 부모와 하나님 사이에서 양자택일 해야 한다면 저는 하나님을 택하겠나이다"라고 말씀드릴 수 있어야 한다.

나는 17세에 회심(回心)하였다. 하지만 나의 어머니, 아버지 및 친척들은 그렇지 못했다. 나의 어머니는 선량한 분이었지만, 형식적인 장로교 신자였다. 그 분은 열성적인 신자들을 경멸했다. 내가 길거리에서 전도하는 것을 알고 그 분은 무척 놀랐다. 그 분은 그것을 매우 끔찍한 일로 여기셨다. 그러나 그후 그 분이 회심하여 하나님이 어떻게 일하시는지를 알게 되었을 때 그 분은 자기가 잘못 생각했었다고 겸손히 인정하셨다.

그러나 그 전까지 나는 어려움을 겪지 않으면 안 되었다. 그때 나는 부모보다는 하나님을 선택했다. 이 말은 내가 집을 떠났다는 말이 아니고, 그 분들이 이해하지도 못하고 인정하지도 않는 생활방식을 내가 받아들여야 했다는 말이다. 그러나 내가 주님을 높였기 때문에 주님은 결국 그 분들을 구원하셨다. 뿐만 아니라 내 자매들 중 두 명과 내 처남을 구원하셨다. 처음에 내 주변 사람들과 하나님 사이에서 선택을 해야 했을 때 나는 하나님을 선택했다. 우리는 이 세상의 그 무엇보다도 하나님을 높이는 삶을 살아야 한다. 이런 삶은 우리가 영광의 나라에 오를 수 있는 사다리요, 산을 옮길 수 있는 지렛대이다.

하나님은 하나님을 높이는 자들에게 풍성한 영적 만족을 주겠다고 약속하셨으며, 이 약속에 따라 역사상 많은 성도들이 풍성한 영적 만족을 누렸다. 이것이 바로 진정한 성공이다. 이런 성공을 체험하는 자들은 자연 속에서 온전히 만족할 수 있고, 성장과 결실(結實)을 통해 하나님나라에서 유용한 존재가 될 수 있으며, 지극히 거룩하신 하나님을 아는 황홀한 지식을 얻을 수 있다. 그러나 이런 것들이 거저 주어지는 것은 아니다. 우리가 하나님을 높이고 우리 자신을 낮출 때 이런 것들이 주어진다.

당신은 진심으로 "나의 하나님! 나보다 높아지소서. 저를 희생해서라도 하나님이 높아지소서. 오, 하나님! 제가 무슨 대가를 치르더라도 하나님만 높아지소서"라고 말할 수 있는가?

하나님을 상대로 흥정하지 말라

하나님을 상대로 흥정하려는 사람들이 너무나 많다. 그들은 손에 연필을 들고 계산을 하면서 "하나님께서 저에게 복을 주신다면, 제가 얼마를 헌금으로 드리겠습니다"라고 기도한다. 좀 더 편하게 살겠다는 얄팍한 계산에 능한 우리는 어떻게든 하나님을 상대로 흥정을 하려고 애쓰는 경향이 있다. 그리하여 우리는 "주여, 저는 복을 받기를 원합니다. 하지만 너무 큰 대가를 지불하는 것은 싫습니다. 이 문제를 놓고 하나님과 의논하고 싶습니다"라고 기도한다. 당신이 이런 기도를 드린다면 하나님은 어떻게 대답하시겠는가? 하나님은 이렇게 대답하실 것이다.

"나는 이런 문제를 놓고 너와 의논할 수 없다. 내 법은 변할 수 없다. 내 뜻은 이미 성경에 분명히 계시되어 있다. 이런 문제는 의논할 성격의 문제가 아니다. 그러므로 네가 내 뜻을 따르라. 그러면 복을 받을 것이다. 만일 네 뜻대로 산다면 너는 모든 것을 잃을 것이다."

"하나님의 영광을 물질적 소유보다 더 우선해야 한다"는 지극히 자명한 원리를 왜 그리스도인들이 잊고 살아왔는지 궁금하다. 물론 이 문제는 당신의 은행 잔고가 얼마나 되느냐의 문제는 아니다. 이것은 물질을 추구할 것이냐 하나님의 뜻을 추

> 주님은 우리에게서 무엇을 취해 가시면 반드시 그것보다 더 좋은 것을 주신다.

구할 것이냐의 문제이다. 내가 보기에, 대부분의 사람들은 적당한 선에서 타협하고 만다. 그들은 하나님의 영광도 조금 추구하고 자기들의 물질적 욕구도 어느 정도 따른다.

우리가 하나님과 친구 사이에서 양자택일해야 할 때도 있다. 프랑수아 페넬롱은 "진정한 영혼의 친구를 얻기 위해 육신적 친구들을 포기하는 일이 쉬운 것은 아니다. 하지만 우리는 그렇게 해야 한다"라고 말했다. 잠언은 "어떤 친구는 형제보다 친밀하니라"(잠 18:24)라고 말한다. 여기서 우리는 '어떤 친구'를 '영혼의 친구 예수님'으로 바꾸어 읽을 수 있을 것이다. 우리에게는 온갖 종류의 친구들이 있을 것이다. 어떤 친구는 우리를 위해 무슨 일이든 해줄 것이고, 또 어떤 친구는 무슨 부탁을 하면 입을 삐쭉 내밀며 불평할 것이다. 아무튼 우리에게는 친구들이 있다. 그런데 '영혼의 친구'를 얻기 위해 이런 친구들을 모두 포기해야 할 때도 있다.

그러나 친구들을 포기한다고 해서 그들을 영원히 잃는 것은 아니다. '영혼의 친구'를 얻을 때 주님은 우리에게 그 친구들을 다시 돌려주실 것이다. 주님은 우리에게서 무엇을 취해가시면 반드시 그것보다 더 좋은 것을 주신다. 나는 주님을 따르기 위해 부모와 친구들의 냉대를 감수해야 했다. 내가 교회 사람들과 어울릴 때 그들은 내 머리가 이상하게 되었다고 생각했다. 그때 내가 '영혼의 친구'를 얻기 위해 세상의 친구들을 잃어버렸으나, 지금은 도처에 내 친구들이 많다. 어느 대륙에 가든 내 친구들이 있다. 나와 함께 기도하고 대화를 나누고 서로에게 말씀을 증거할 정도로 친한 친구들도 있고, 비록 얼굴은 서로 모르지만 책을 통해 친구가 된 사람들도 있다.

얼마 전에 내 책 한 권이 독일에서 출판되었다고 한다. 내가 그리스도를 위하여 몇 명의 친구들을 포기했지만, 이제 독일에도 내 친구들이 생긴 것이다. 다른 여러 국가들에서도 주님의 도우심으로 내 책들이 팔리고 있다. 그곳의 독자들과 나는 서로 얼굴도 본 적이 없지만, 책을 통해 친구가 되었다. 다시 말하지만, 우리가 '영혼의 친구'를 위해 다른 친구들을 포기할 때 하나님은 결국 더 좋은 친구들을 주신다.

안락과 비전보다 주님을 택하라

유감스럽게도 주님의 일보다 안락을 더 사랑하는 사람들이 있다. 당신은, 어느 수요 기도회에 새 신자들이 나왔는데, 정작 목회자는 기운이 빠지고 피아노 반주자의 손가락은 힘이 풀려 반주가 엉망이 되는 이상한 현상을 본 적이 있는가? 그 이유가

> 하나님은 우리의 비전보다 더 높아지셔야 한다. 하나님은 우리의 프로젝트보다 더 높아지셔야 한다.

무엇이라고 생각하는가? 십중팔구 그날 저녁에 특별한 TV 프로그램이 있을 것이다. 기도회를 끝내고 집으로 직행하려는 목회자와 피아노 반주자에게 새 신자는 그들의 아까운 시간을 빼앗는 귀찮은 존재일 뿐이다. 또 어떤 사람들은 추운 날 밤 교회에 가는 것보다 난로 옆에서 웅크리고 잠을 자는 것을 더 좋아한다. 이런 것들이 모두 주님보다 안락을 더 사랑하는 것이다.

그러나 주님은 어떻게 하셨는가? 그분은 안락보다 자신의 사명과 하나님의 영광을 더 소중히 여기셨다. 사도들과 교회 역사상의 경건한 신앙인들도 하나님을 높이기 위해 자기들의 안락을 희생했다.

하나님은 우리의 비전보다 더 높아지셔야 한다. 하나님은 우리의 프로젝트보다 더 높아지셔야 한다. 하나님은 우리의 명예보다 더 높아지셔야 한다. 명예를 포기하는 것은 결코 쉬운 일이 아닐 것이다. 명예욕은 인간의 뿌리 깊은 본능이다. 심지어 인간은 아주 교묘한 방식으로 명예를 추구하기도 한다. 예를 들면, 어떤 사람은 자기가 명예 없이도 행복하게 살아가고 있다는 평판을 듣기를 원한다. 이런 사람은 하나의 명예가 좌절되자 다른 명예를 추구하는 것이다. 이 사람은 자기가 유명하지 못하다는 것을 알고는 성 프랜시스처럼 미소 지으며 "내가 유명한 사람이 아닌 것에 대해 주님을 찬양합니다!"라고 말한다. 그의 말을 듣고 사람들은 "저 사람은 참으로 거룩한 사람이다. 자기

> 나는 하나님나라를 위해 일하다가 과로사하는 것은 '영광스러운 죽음'이라고 말해주고 싶다.

가 유명하지 않은 것을 기뻐한다"라고 말하게 될 것이며, 이것이 결국 그에게 명예가 될 것이다. 참으로 아이러니한 일이다. 이토록 명예욕은 인간의 뿌리 깊은 본능이다. 그러나 하나님 앞에서는 이런 본능까지도 극복되어야 한다.

건강과 생명까지 주님께 드려라

하나님은 우리의 안락, 명예, 건강, 심지어 생명보다도 높아지셔야 한다. 평생 나는 내가 과로사(過勞死)할까봐 불안해하는 사람들을 쫓아버리느라고 애썼다. 그들은 "토저 목사님, 우리는 목사님이 과로사하지 않을까 걱정됩니다. 그렇게 일하다가는 죽을지도 모릅니다"라고 말하곤 했다. 나는 이런 사람들에게 하나님나라를 위해 일하다가 과로사하는 것은 '영광스러운 죽음'이라고 말해주고 싶다. 그러나 많은 경우에 하나님은 하나님의 일꾼들이 과로사하도록 내버려두지 않으시는 것 같다. 미국의 열정적인 전도자요, 부흥사였던 찰스 피니(Charles

Finney)는 "당신이 주님 안에서 안식하고 주님의 때를 기다리는 법을 배운다면, 적어도 70세 이상 살 것이다. 하지만 많은 목회자들이 게으른 교회를 위해 열심히 일하다가 과로사하기도 한다. 하나님은 이런 게으른 교회들을 심판하실 것이다"라고 말하기도 했다. 아무튼 내 건강에 대해 염려하지 말라. 나는 이미 오래전에 내 건강을 주님께 바쳤다. 내가 나의 사명을 다 완수했다면, 내가 굳이 이 헛된 세상에 더 머물 이유가 무엇이겠는가? 내가 감당해야 할 일이 더 남아 있지 않다면, 내가 어찌하여 늦가을의 마지막 잎새처럼 처량하게 가지에 매달려 있어야 하겠는가?

당신의 건강을 주님께 드려라. 그리고 당신의 생명마저도 드려라. 사람들은 주님께 그들의 생명을 드리기를 두려워한다. 내가 아는 한 목회자가 있는데, 의사가 그에게 "당신에게 협심증이 생겼습니다. 잘 관리하지 않으면 목숨을 잃을지도 모릅니다"라고 말했다. 그는 엉덩이를 걷어차인 강아지처럼 훌쩍이더니 캘리포니아로 가서 은퇴하였다.

내가 아는 또 다른 목회자가 있는데, 그 역시 협심증 진단을 받았다. 하지만 그는 "괜찮습니다. 하나님나라를 위해 일하다가 죽는 것이 내 소원입니다"라고 말한 후 그의 일을 계속하였다. 어느 날 아침 그의 아내가 일어나 그를 깨우려고 했을 때 그는 움직이지 않았다. 그의 영혼이 떠난 자리에는 미남(美男)이며 키가 큰 그의 육신이 반듯이 누워 있었다. 그는 그의 마지막 호흡까지 주님께 드렸던 것이다. 그는 "하나님나라를 위해 일하다가 죽는 것이 내 소원입니다"라는 말대로 살다가 죽었다. 그는 캘리포니아로 가지 않았다. 그는 "죽기가 두렵습니다"라고 말하지 않았다. 우리는 주님을 위해 죽을 수 있어야 한다. 그것은 좋은 일이다. 당신은 의연(毅然)하게 죽음을 맞이할 수 있다. 사실, 그렇게 하는 사람들이 많다. 그러므로 당신의 생명을 하나님께 드리라.

당신의 날이 얼마나 길어질지에 대해 걱정하지 말라. 이미 오래전에 하나님은 두 가지 말씀을 주셨다. 첫 번째는 "내가 너의 날 수를 채우리라"(출 23:26하)는 말씀이고, 두 번째는 "네 사는 날을 따라서 능력이 있으리로다"(신 33:25하)라는 말씀이다. 나는 이 두 말씀에 의지하여 이제까지 살아왔다.

우리는 건강에 대해 너무 염려하는 경향이 있다. 내가 보기에, 세상 사람들은 건강에 대해 별로 염려하지 않는다. 큰 회사의 과장이나 부장은 밤 11시가 되어서야 비로소 비틀거리며 집에 들어온다. 그리고 자기 아내에게 "오늘도 일거리가 참 많았소"라고 호기 있게 말한다. 건강검진 차 병원에 가보라는 아내의 성화에 못 이겨 그는 병원를 찾는다. 의사는 그에게 "몸 상

> 세상 사람들은 더 큰 차와 더 큰 집을 위해 목숨을 내놓고 일하는데, 우리 그리스도인들은 주님을 위해 무엇을 내놓고 일하는가?

태가 정말 좋지 않습니다. 신경을 쓰지 않으면 건강이 심각한 타격을 입을지 모릅니다"라고 말한다. 하지만 그는 일을 줄이지 않는다. 전과 똑같이 생활한다. 왜 그러한가? 실적을 올려 연봉이 올라가야 내년에 더 큰 차를 살 수 있기 때문이다. 내후년에는 더 큰 집을 사는 것이 그의 목표이다. 세상 사람들은 더 큰 차와 더 큰 집을 위해 목숨을 내놓고 일하는데, 우리 그리스도인들은 주님을 위해 무엇을 내놓고 일하는가?

"건강에 신경을 쓰셔야 합니다"라는 의사의 말을 너무 심각하게 받아들이지 말라. 만일 어떤 의사가 "주님을 위해 일하는 것도 좋지만 건강도 챙기십시오"라고 말하면, "의사 선생님, 저는 선생님을 알기 전부터 주님을 알았습니다. 안녕히 계십시오"라고 말하고 속히 병원에서 빠져나오라. 계속 주님을 위해 헌신하라. 나는 일을 중단하고 건강에 힘쏟다는 사람들이 어느 날 갑자기 유명을 달리하는 경우를 종종 보았다. 주님을 위해 당신의 우정, 물질적 소유, 육체적 안락, 야망, 명예, 건강 그리고 생명을 포기하라. 그러면 주님이 그것들을 돌려주시되 "후히 되어 누르고 흔들어 넘치도록"(눅 6:38) 주실 것이다.

순교를 자청한 그리스도인

나의 이런 교훈은 이해하기 쉬운 것이 아니다. 왜냐하면 오늘날 이런 교훈을 가르치는 사람들이 별로 없기 때문이다. 오늘날 쾌활하고 자신감 넘치는 그리스도인들이 "예수님을 믿는 것은 아주 신나는 일입니다. 그리스도를 영접하기만 하면 됩니다. 그리고 남은 인생을 즐겁게 사십시오. 주님은 당신에게 아무것도 요구하지 않으실 것입니다. 그저 만사를 긍정적으로 생각하십시오. 그러면 만사형통할 것입니다. 이렇게 쉽게 가는 길이 있는데, 왜 어려운 길로 가려 하십니까?"라고 말하는 모습을 흔히 보게 된다. 그러나 나의 친구여! "주님이 당신에게 아무것도 요구하지 않으실 것입니다"라는 말을 믿지 말라. 주님은 당신에게서 모든 것을 요구하실 것이다. 당신이 모든 것을 주님께 드렸을 때 그분은 그것을 다시 돌려주실 수도 있다. 하지만 그렇지 않을 수도 있다. 이에 대한 좋은 예가 스탬 선교사 부부의 경우이다. 존 스탬(John Stam)과 베티 스탬(Betty Stam)이 중국에서 선교 활동을 하고 있을 때 공산혁명이 일어났다. 공산주의자들은 이 부부를 야외로 끌고 나가서 그들에게 소리쳤다.

"선교 행위를 당장 중단하라. 그렇지 않으면 죽을 것이다."

"우리는 그리스도를 부인할 수 없소."

"그래? 그러면 무릎을 꿇고 목을 내밀어라."

스탬 부부는 무릎을 꿇고 목을 내밀었고, 날카로운 칼이 그들의 목을 쳤다.

"모든 것을 포기하라"는 주님의 명령대로 순종하는 그리스도인들이 있다. 그러나 그들이 모든 것을 잃은 것 같지만, 사실 그들은 마이더스(Midas, 희랍 신화에서 손에 닿는 모든 것을 황금으로 변하게 했다는 프리지아의 왕)와 세상의 모든 왕들과 모든 구두쇠들보다 더 부유하다. 왜냐하면 그들은 모든 것을 주님께 드릴 수 있는 복을 받은 사람들이기 때문이다.

그리스도인들이 박해당하여 죽었던 로마 시대의 일이다. 한 성도가 체포되어 감옥에 있었다. 그는 로마에 있는 그리스도인 친구들에게 이런 편지를 보냈다.

"한 가지 부탁이 있습니다. 주님을 위해 죽고 싶은 열망이 내 마음속에 있습니다. 나는 주님을 위해 살아왔습니다. 그러나 아직도 나는 주님께 드리지 못한 것이 있습니다. 그것은 내 목숨입니다. 나는 주님께 내 목숨을 드리고 싶습니다. 나는 다른 모든 면류관들 위에 이 '순교의 면류관'을 올려놓고 싶습니다. 나는 이미 사형선고를 받았습니다. 만일 여러분이 나를 살리기 위해 개입한다면 나는 순교를 못하게 될지도 모릅니다. 제발 개입하지 말아주십시오. 권세자를 찾아가서 선처를 호소하지 마십시오. 나는 늙은 사람이며, 평생을 주님을 위해 살아온 사람입니다. 내가 이 '순교의 면류관'을 얻을 수 있도록 도와주십시오. 나를 실망시키지 마십시오."

> 내 안에 그리스도의 나라가 임하기 위해서는 나의 나라가 먼저 내 밖으로 나가야 한다.

이 성도의 친구들은 개입하지 않았고, 로마 당국은 사형을 집행했다. 감사하게도, 결국 이 신앙의 위인은 '순교의 면류관'을 얻었다. 이 정도는 되어야 영적 거인(巨人)들의 명단에 오를 수 있지 않을까? 이런 위대한 성공의 비결은 무엇인가? "주(主)는 하늘 위에 높이 들리시며 나의 나라는 사라지고 주의 나라가 임하기를 원하나이다"라는 간절한 소원이 그 비결이 아닐까? 여기서 우리가 명심해야 할 것이 있다. 그것은 주님의 나라가 임하기 위해서는 나의 나라가 먼저 사라져야 한다는 사실이다. 이런 이야기가 종말론(終末論)을 다룰 때 언급되는지는 잘 모르겠지만, 무엇보다 영적 체험에 비추어볼 때 이것은 틀림없는 진리이다. 그렇다! 내 안에 그리스도의 나라가 임하기 위해서는 나의 나라가 먼저 내 밖으로 나가야 한다. 나는 내 마음속의 보좌를 우리 주 예수 그리스도께 내어드려야 한다. 왜냐하면 그것은 본래 주님의 것이기 때문이다.

03
진정한 성공이란
바로 이것이다

그리스도가 사랑하는 것을 사랑하고 그분이 미워하는 것을 미워하고 그분이 소중히 여기시는 것을 소중히 여기는 것! 이것은 우리의 지성까지도 그리스도께 굴복시키는 것이다. 이것이 바로 영적 성공이다.

선한 것은 모두 성경에 들어 있다

나는 '더 깊은 생명'에 대해 이야기하려고 한다. 하지만 내가 말하는 '더 깊은 생명'은 성경이 말하는 생명보다 더 깊은 생명은 아니다. 나는 성경의 계시에서 벗어나는 것이라면 그 어떤 것도 받아들이지 않는다. 또한 나는 성경의 진리에 첨가된 것이라면 그 무엇도 원하지 않는다. 선한 것은 모두 성경에 들어 있다. 즉, 성경에 나오지 않는 것은 선한 것이 아니다.

나는 성경을 하나님의 말씀이라고 믿는 그리스도인이다. 만일 태양처럼 빛나는 천사장이 하늘을 가득 채울 듯이 큰 날개를 펄럭이며 내게 날아와 새 진리를 전한다면, 나는 그 새 진리가 성경의 어디에 나오느냐고 물을 것이다. 그가 내 질문에 제대로 대답하지 못한다면, 나는 "당신이 전하는 것이 성경에 나오지 않으므로 받아들일 수 없소"라고 말할 것이다. 내가 전하고 싶은 '더욱 깊은 생명'은 성경이 제시하는 생명보다 더 깊은 생명이 아니라 바로 성경이 전하는 생명이다.

> 어떤 사람이 그리스도인인가? 그리스도인은 예수 그리스도와 지속적으로 올바른 관계를 유지하는 사람이다.

그리스도인이 세례를 받는 것이 당연하지만, 그렇다고 해서 세례만 받는다고 그리스도인이 되는 것은 아니다. 그리스도인이 성찬식에 참여하는 것이 당연하지만, 성찬식에 참여한다고 모두 그리스도인이 되는 것은 아니다. 신앙이 독실한 부모 밑에서 태어난 사람이 그리스도인이 될 확률이 높은 것은 사실이지만, 그렇다고 해서 그런 사람이 자동적으로 그리스도인이 되는 것은 아니다. 성경 구절을 많이 외우고 기독교 음악을 아주 좋아하여 매년 헨델의 '메시아' 연주를 들으러 간다고 해서 저절로 그리스도인이 되는 것은 아니다.

그렇다면 어떤 사람이 그리스도인인가? 그리스도인은 예수 그리스도와 지속적으로 올바른 관계를 유지하는 사람이다. 사실 모든 사람들은 그리스도와 어떤 종류로든 관계를 맺고 있다고 말할 수 있다. 신앙과 사랑의 관계, 아무 신경도 쓰지 않는 무관심한 관계, 적극적으로 미워하는 적대적인 관계, 이런 여러 관계들 중에서 어떤 것이든 간에 모든 사람은 그리스도와 모종(某種)의 관계를 맺지 않을 수 없다. 그리고 그 관계가 어떤 것이냐에 따라 그들의 성공과 실패가 결정될 것이다. 다시 말하지만, 그리스도인은 예수 그리스도와 올바른 관계를 맺은 사람이다. 그렇다면 우리가 그리스도(하나님)와 맺을 수 있는 관계들에는 어떤 것들이 있는지를 이제부터 살펴보자.

법률적 관계

먼저 그리스도인은 하나님과 법률적(法律的) 관계를 맺을 수 있다. 다음 성경 구절은 우리가 그리스도와 맺을 수 있는 법률적 관계에 대해 언급한다.

"그러므로 우리가 믿음으로 의롭다 하심을 얻었은즉 우리 주 예수 그리스도로 말미암아 하나님으로 더불어 화평을 누리자 또한 그로 말미암아 우리가 믿음으로 서 있는 이 은혜에 들어감을 얻었으며 하나님의 영광을 바라고 즐거워하느니라"(롬 5:1,2).

법률적 관계를 언급하는 또 다른 성경 구절은 다음과 같다.

"찬송하리로다 하나님 곧 우리 주 예수 그리스도의 아버지께서 그리스도 안에서 하늘에 속한 모든 신령한 복으로 우리에게 복 주시되 곧 창세 전에 그리스도 안에서 우리를 택하사 우리로 사랑 안에서 그 앞에 거룩하고 흠이 없게 하시려고 그 기쁘신 뜻대로 우리를 예정하사 예수 그리스도로 말미암아 자기의 아들들이 되게 하셨으니"(엡 1:3-5).

아이가 태어나면 그 아이와 부모 사이에는 법률적 관계가 형성된다. 즉, 법률적 차원에서 그들은 부모와 자식으로 맺어진다. 부모는 아이가 일정한 나이가 될 때까지 그를 돌보아야 할 법률적 책임을 지게 된다. 만일 부모가 이 책임을 회피한다면 법률적으로 곤경에 처할 수밖에 없다. 다시 말하지만 부모와 자식 간에는 법률적 관계가 성립하는데, 하나님과 그리스도인 사이에도 이런 법률적 관계가 성립한다.

생명적 관계

하나님과 그리스도인 사이에는 생명적(生命的) 관계도 형성되는데, 이것은 마치 친부모와 친자식 사이의 관계에 비유된다. 어떤 부부가 친자식이 없어서 양자(養子)를 들였다고 생각해보자. 이들 사이에는 법률적으로 부모와 자식의 관계가 성립하지만, 생명적 관계가 성립하는 것은 아니다. 하지만 친부모와 친자식 사이에는 생명적 관계가 성립한다. 이처럼 우리가 그리스도를 영접할 때 하나님과 우리 사이에 생명적 관계가 성립한다. 이 생명적 관계를 가장 잘 설명해주는 성경 구절은 요한복음에 나오는 예수님의 말씀이다.

"나는 포도나무요 너희는 가지니 저가 내 안에, 내가 저 안에 있으면 이 사람은 과실을 많이 맺나니 나를 떠나서는 너희가 아무것도 할 수 없음이라"(요 15:5).

가지가 생명을 유지할 수 있는 것은 포도나무와 생명적 관계를 맺고 있기 때문이다. 주님이 말씀하시듯이, 만일 가지가 포도나무에 붙어 있지 않으면 과실을 맺을 수 없다. 포도나무와 가지는 생명의 관계 속에서 연합되어 있다. 그리스도인은 그리스도와 법률적으로 연합되어 있을 뿐만 아니라 생명적으로도 연합되어 있다.

신학교와 부흥사경회는 우리가 법률적 차원과 생명적 차원에서 그리스도와 구원의 관계를 맺고 있다는 진리를 거듭 증거하기 위해 존재한다. 우리가 그리스도와 맺을 수 있는 다른 관계들이 있는데, 이것에 대해서는 히브리서 기자가 언급한다.

"그러므로 우리가… 완전한 데 나아갈지니라"(히 6:1,2).

이것은 고린도전서 3장에서 바울이 의미한 것이다. 바울은 고린도 교인들이 육신적 상태에서 벗어나 영적 상태로 들어가야 한다고 교훈한다.

그리스도와 우리 사이에는 법률적 관계와 생명적 관계만 있는 것은 아니다. 이것들 외에도 다른 세 가지 관계가 또 있다. 이 세 가지에 대해서도 살펴보자.

의지적 관계

의지적(意志的) 관계는 무엇인가? 어렵게 생각할 것 없다. 그것은 나의 의지가 하나님의 의지를 온전히 따르는 관계를 말한다. 나는 하나님이 원하시는 것이라면 무엇이든지 원해야 한다. 그러나 유감스럽게도, 현재 대부분의 그리스도인들은 하나님의 의지를 따르지 않는다. 그들은 눈물을 흘리며 "주님 뜻대로 살기로 했네"라고 노래하지만, 여전히 자기 고집대로 사는 이기적인 사람들이다. 그러나 우리가 하나님의 뜻을 알고 나의 의지를 하나님의 의지와 일치시킨다면 우리와 하나님 사이에 의지적 관계가 성립될 수 있다.

그렇다면 우리는 어떻게 하나님의 뜻을 알 수 있는가? 나는 성경공부, 기도, 영적 체험 및 성령의 조명(照明)을 통해 하나님의 뜻을 알 수 있다고 믿는다. 그렇기 때문에 나는 성경을 읽고 기도하고 나의 영적 체험을 살피면서 성령님의 조명을 구하는 기도를 하나님께 드린다. 찬송가 284장의 '주 예수 해변서'라는 찬송의 4절을 읽어보자.

성령을 내 맘에 보내셔서
내 어둔 영의 눈 밝히시사
말씀에 감추인 참진리를
깨달아 알도록 하옵소서.

나는 이 찬송가의 작사자가 진리를 깨달은 사람이라고 믿는다. 우리는 주께서 성령을 보내사 성경의 진리를 우리에게 깨닫게 해주시도록 기도해야 한다. 우리가 기도하고 성경을 탐독하고 우리의 영적 체험을 살핀다면, 그리고 성령님이 우리의 마음에 빛을 비추어주신다면, 우리는 하나님의 뜻이 무엇인지를 분명히 깨닫게 될 것이다.

본래 인간은 하나님을 향하여, 그리고 주변의 다른 사람들을 향하여 수많은 관계들을 맺고 살아간다. 본질적으로 이 관계들은 무지, 이기심, 편견 같은 것들 때문에 왜곡되어 있다. 우리가 그리스도를 영접하여 회심(回心)한다 하더라도 이런 것들이 일시에 교정(矯正)되는 것은 아니다. 우리가 신학교를 다닌다고 해서 이런 것들이 전부 교정되는 것은 아니다. 우리가 이것들을 바로잡기 위해 수고하고 애쓸 때 비로소 이것들이 교정되는 것이다. 우리가 기도하고 성경을 연구하고 우리의 영적 체험을 살피는 가운데 성령님이 깨달음을 주실 때, 비로소 우리의 관계들이 육적인 관계에서 신령한 관계로 바뀔 것이다.

지적 관계

그리스도와 지적(知的) 관계를 맺는다는 것은 무슨 말인가? 우리가 회심할 때 우리의 의지와 지성에 근본적인 변화가 찾아오는 것은 사실이지만, 그것들이 계속 성장하고 발전해야 하는 것 또한 사실이다. 그렇다면 지성적 변화는 무엇인가? 우리가 예수님처럼 생각하고 성경적 사고방식에 따라 생각하는 것이 지성적 변화이다. 뿐만 아니라 하나님이 미워하시는 것을 미워하는 것도 지성적 변화들 중 하나이다. 하나님이 미워하신다니, 사랑의 하나님이 미워하시는 것이 있는가? 물론이다. 히브리서를 읽어보자.

"네가 의를 사랑하고 불법을 미워하였으니 그러므로 하나님 곧 너의 하나님이 즐거움의 기름을 네게 부어 네 동류들보다 승하게 하셨도다"(히 1:9).

어떤 것을 사랑한다는 것은 그것과 반대되는 것을 미워한다는 뜻이 아니겠는가? 심리학적으로 볼 때에도, 어떤 것을 사랑하면서 그 반대의 것도 사랑한다는 것은 불가능하다. 내가 성결을 사랑한다면 당연히 죄를 미워하게 될 것이다. 진리를 사랑한다면 거짓을 미워하게 될 것이다. 정직을 사랑한다면 부정직을 미워하게 될 것이다. 순결을 사랑한다면 더러움을 미워하게 될 것이다.

미움이 언제나 나쁜 것은 아니다. 하나님의 형상으로 창조된 인간을 미워하는 것이 아니라면, 시기심이나 분노 때문에 미워하는 것이 아니라면, 미움이 악한 것은 아니다. 우리는 예수님이 미워하시는 것을 미워하는 법을 배워야 한다. 우리가 그리스도처럼 사고하고 판단한다면 우리는 악을 미워하게 될 것이고, 따라서 설교자들이 "세상의 악한 것들을 사랑하지 말라"라고 설교할 필요도 없을 것이다.

그리스도인이 된 지 얼마 안 되었을 때 나는 영국의 작가 존 키츠(John Keats, 1795~1821)와 존 밀턴(John Milton, 1608~1674)의 글을 아주 많이 읽었다. 하지만 그후 나는 키츠에게서 멀어졌다. 물론 아직도 내가 그의 탁월한 시작(詩作) 능력에 감탄하는 것은 사실이지만, 유감스럽게도 그의 시에는 하나님과 그리스도가 계시지 않는다. 그의 시는 별로 유익하지 않은 것 같다. 반면, 밀턴의 시는 아주 좋다. 아마 우리가 천국에서도 그의 시를 읽지 않을까 싶다.

키츠는 영국인의 혈통을 타고났으며, 영국에서 성장했다. 내가 아는 한, 그는 영국을 떠난 적이 없다. 그는 20대의 나이에 '영국인 중의 영국인'으로 죽었다. 하지만 희랍 문학을 너무 많이 읽었기 때문에 그는 영국적 지성의 소유자가 아니라 희랍적 지성의 소유자였다. 그의 시에는 영국인 특유의 억제(抑制)와 강점과 약점이 전혀 나타나지 않는다. 그는 희랍인들처럼 사고했으며, 그의 시는 철저히 희랍적이다.

밀턴 역시 '영국인 중의 영국인'으로 태어났다. 그는 평생을 영국에서 살았고, 영국에서 죽었다. 몇 차례 외국에 간 적이 있을 뿐이다. 밀턴은 성경을 아주 많이 읽고 암송하고 성경의 교훈에 따라 살았기 때문에 그의 사고는 철저히 히브리적 사고로 바뀌었다. 그러므로 그의 시(詩)에서는 히브리적 사고가 아주 많이 배어난다. 그가 14행시(行詩), 즉 소네트를 지을 때면 반드시 구약성경이나 신약성경에 나타난 히브리 선율(旋律)의 리듬과 경쾌한 억양을 사용했다. 물론 나는 신약성경이 희랍어로 기록된 것을 잘 안다. 그러나 우리는 신약성경이 희랍어로 기록된 것은 사실이지만 거기에 담긴 사고와 정서는 히브리적인 것임을 기억해야 할 것이다.

키츠와 밀턴! 이 두 사람은 모두 영국 사람으로서 똑같은 나라에서 살고 똑같은 음식을 먹고 똑같은 경치를 즐기고 똑같은 기본 교육을 받았다. 하지만 한 사람은 희랍을 너무 사랑했기 때문에 국적만 빼놓고는 모든 것이 희랍적으로 바뀐 사람이었다. 반면, 또 한 사람은 성경을 너무 사랑했기 때문에 국적만 빼

> 그리스도가 사랑하는 것을 사랑하고 그분이 미워하는 것을 미워하고 그분이 소중히 여기시는 것을 소중히 여기는 것! 이것은 우리의 지성까지도 그리스도께 굴복시키는 것이다.

놓고는 모든 것이 히브리적으로(정확히 말해서, 성경적으로) 바뀐 사람이었다.

이제 당신은 내가 무슨 말을 하려는 것인지 짐작할 수 있을 것이다. 당신의 국적이 무엇이든 간에 당신의 지성은 기독교적으로, 즉 성경적으로 바뀔 수 있다는 것이다. 당신의 사고방식은 철저히 신약성경의 사고방식으로 바뀔 수 있다. 성령님은 우리의 사고방식을 이렇게 바꾸기를 원하신다. 그분은 우리의 사고방식이 그리스도의 사고방식을 닮기를 원하신다. 그리스도가 사랑하는 것을 사랑하고 그분이 미워하는 것을 미워하고 그분이 소중히 여기시는 것을 소중히 여기는 것! 이것은 우리의 지성까지도 그리스도께 굴복시키는 것이다. 이것이 바로 영적 성숙이요, 영적 성공이다.

감정적 관계

우리가 그리스도와 맺는 관계에는 감정적 요소가 있다. 감정적 요소란 사랑의 감정을 뜻한다. 당신은 주 예수 그리스도를 사랑하는가? 정말인가? 어느 날 D. L. 무디가 거리에서 어떤 사람에게 "당신은 예수님을 사랑합니까?"라고 물었다. 상대방은 웃으면서 "나는 예수님을 반대하지 않습니다"라고 대답했다.

아마도 수많은 사람들이 이 사람처럼 대답할 것이다. 그러나 "예수님을 반대하지 않는다"는 정도가 아니라, 우리는 진정 "예수님을 사랑한다"라고 말할 수 있는가?

생후 3개월 된 아기를 안고 있는 엄마를 보라. 그 아기는 엄마를 바라보며 씽긋 웃거나 아니면 어떤 불만 때문인지 울음을 터뜨리기도 할 것이다. 어떤 경우든 간에 그 엄마에게 아기를 사랑하느냐고 물어보라. 그 엄마가 어떤 반응을 보일지는 너무나 뻔한 일이다. 만면에 미소를 지으며 "물론이죠"라고 대답하지 않겠는가? 한편, 공원 벤치에 쭈그리고 앉아 있는 병든 소년을 보라. 그는 춥고 배고프고 의욕상실증에 걸려 있다. 그에게 다가가서 조국을 사랑하느냐고 물어보라. 어떤 정치인들의 입에서 흘러나올 법한 냉소적인 대답조차 그에게는 사치일 것이다. 그는 옆으로 쓰러져 누으며 "아! 집에 갈 수 있다면 얼마나 좋을까!"라고 탄식할 것이다.

중국에서 여러 해 동안 일한 선교사가 있었다. 그가 거기 있는 중에 아이들이 태어났다. 아이들이 어느 정도 자랐을 때 그의 가족은 배를 타고 미국으로 오게 되었다. 그들이 탄 배가 태평양 연안을 따라 샌프란시스코를 향해 오고 있었다. 기항지(寄港地)에 들를 때마다 아이들은 "아빠, 여기가 미국이에요?"라고 물었고, 그 선교사는 "아니야. 여기는 미국이 아니다"라고 대답하곤 했다. 배는 항해를 계속했다. 드디어 샌프란시스코 항구에 들어서자 금문교(金門橋)와 해안선이 보였으며, 눈부신 햇살이 쏟아지고 있었다. 그들이 갑판 위에 서 있을 때 아이들이 다시 "아빠, 여기가 미국이에요?"라고 물었다. 갑자기 만감(萬感)이 교차하는 순간 선교사는 앞으로 쓰러질 뻔했다. 억눌러 참아왔던 향수, 애국심, 과거의 추억들이 한꺼번에 물밀듯 밀려왔다. 그는 울먹이며 이렇게 대답했다.

"그렇단다! 얘들아, 여기가 미국이란다!"

그는 자기가 조국을 얼마나 사랑하는지를 알지 못하고 살아왔던 것이다. 그토록 오랜 세월 동안 조국을 떠나 있은 후에야 비로소 조국의 높은 산, 숲, 바위, 실개천이 자기에게 얼마나 소중한 것인지를 깨달았던 것이다. 그래서 다시 조국을 보았을 때 어린아이처럼 울음을 터뜨렸던 것이다. 그에게 조국을 사랑하느냐고 물어보라. 그는 수줍게 미소 지으며 자기가 겪었던 일을 말해줄 것이다. 그렇다! 그는 조국을 사랑한다.

당신은 예수님을 사랑하는가? 정말인가? 그리스도인이면서도, 예수님의 능력과 속죄를 믿으면서도, 성령님에 의해 거듭났으면서도, 예수님을 사랑하지 않는 사람들이 너무나 많다. 나는 예수님을 향한 사랑으로 불타는 그리스도인들을 정말 보고 싶다.

중세 이후의 깊은 신앙의 추구자들, 찬송시 작가들, 경건 서적 작가들의 글을 읽었을 때 나는 나 자신에게 너무 실망하지 않을 수 없었다. 그리하여 나는 하나님께 "하나님, 저는 너무 부끄럽습니다. 죄송합니다. 용서해주세요. 저는 이분들만큼 하나님을 사랑하지 못합니다"라고 말씀드렸다. 당신은 17세기 스코틀랜드의 신학자인 사므엘 러더포드의 서한집을 읽어보았는가? 만일 읽어보지 않았다면 반드시 읽어보라. 그것을 읽는다면, 당신 자신에게 철저히 실망할 것이다. 그 책을 다 읽기도 전에 당신은 무릎을 꿇고 "주님, 이토록 주님을 사랑한 사람이 있었습니까! 이 사람 앞에서 제가 어떻게 감히 주님을 사랑한다고 말할 수 있습니까?"라고 울부짖을 것이다.

우리와 그리스도 사이의 관계에는 감정적 요소가 있을 수밖에 없는데, 그 감정은 사랑의 감정이어야 한다. 주님은 에베소 교회에게 "(나를 향한) 너의 처음 사랑을 버렸느니라"(계 2:4)라고 책망하셨다. 이런 책망을 받아야 할 사람들이 어디 에베소교회 사람들뿐이겠는가? 무엇이 당신의 사랑을 식게 만들었는가? 당신은, 자기 아내를 사랑하지만 생활비를 버느라고 너무 바빠서 아내를 소홀히 하는 남편과 같지 않은가? 에베소교회를 책망하셨던 주님이 이제 우리에게도 "네가 나를 위해 바쁘다. 나를 섬기느라고 네가 이리저리 뛰어다니는 것을 내가 잘 안다. 하지만 나를 향한 처음 사랑이 지금 네게 없다"라고 말씀하시지 않는가?

의지적, 지적 및 감정적 차원에서 성령님의 감동에 따라 구주를 향해 성경적 관계를 맺을 때까지 계속 성장할 수 있는 그리스도인은 어떤 그리스도인인가? 세상적 사랑과 두려움에서 해방된 그리스도인이 바로 그런 그리스도인이다.

세상적 사랑에서 해방된 그리스도인

세상적 사랑이란 무엇인가? 하나님의 뜻에서 벗어난 사랑이 세상적 사랑이다. 하나님이 당신에게서 그 무엇을, 그 누구를 취해가려고 하실 때 당신은 그것을 받아들일 수 있겠는가? 만일 받아들일 수 없다면 당신은 그것을, 그 사람을 하나님보다 더 사랑하는 것이다. 그리고 이 사랑이 바로 세상적 사랑이다. 가족, 친구, 명예, 돈, 이런 것들 중 그 무엇이라도 그리스도께서 취해가시는 것을 당신이 받아들일 수 있다면, 당신은 세상적 사랑에서 해방된 그리스도인이다.

그리스도의 사랑이 내게 찾아와 나의 다른 모든 사랑들을 삼켜버리고 홀로 내 안에 거할 때, 나는 세상적 사랑에서 해방된다. 하나님을 향한 뜨거운 사랑이 나의 다른 모든 사랑들을 태워버릴 때, 나는 세상적 사랑에서 벗어난다. 나의 모든 것들이 그리스도를 향한 사랑의 관계 속에서 제자리를 찾을 때, 나는 세상적 사랑을 극복한 것이다.

나는 "하나님이 당신에게서 그 무엇을, 그 누구를 취하 가려고 하실 때 당신은 하나님과 다툴 것인가?"라고 묻고 싶다. 이 질문에 자신 있게 대답할 수 없다

> 하나님을 향한 뜨거운 사랑이 나의 다른 모든 사랑들을 태워 버릴 때, 나는 세상적 사랑에서 벗어난다.

면 당신은 아직도 마땅히 있어야 할 자리에 있지 못한 것이다. 자신을 속이지 말라. 온전한 자유는 오직 하나님의 뜻만을 원한다. 물론 하나님께서 당신에게 이런저런 것들을 허락하실 때에는 당신이 그것들을 사랑하는 것이 정당하다. 하지만 그것들을 향한 사랑이 절대적인 것이 되어서는 안 된다. 그 사랑이 당신을 노예로 만들어서는 안 된다. 그러므로 그것들을 사랑하되 철저히 하나님의 뜻 안에서 사랑하라. 다시 말해, 하나님이 허락하신 것들만을 사랑하라.

사도 바울은 디모데와 실라와 디도를 불같이 사랑했다. 그러나 그렇다고 해서 그가 그들이 없으면 살지 못할 정도까지 그들을 사랑한 것은 아니다. 만일 하나님이 그들을 그에게서 떼어놓으려고 하셨더라도 그는 결코 하나님과 다투지 않았을 것이다. 그의 마음의 '중심'에는 오직 하나님만이 계셨다. 그가 사랑했던 사람들은 그의 마음의 '주변'에 있었다. 그는 하나님을 위하여 그들을 사랑했다. 이것이 기독교적 사랑이다! 어쩌

면 당신은 내게 "그렇다면, 내 가족을 사랑하지 말라는 말입니까?"라고 물을지 모르겠다. 내 얘기는 당신의 가족을 사랑하지 말라는 말이 아니라, 그들을 사랑하되 하나님과 당신의 올바른 관계 속에서 그들을 사랑하라는 말이다.

어떤 작가가 있었다. 뛰어난 지성의 소유자인 그녀는 매우 유명했다. 어느 날 밤 그녀의 아기가 매우 아팠다. 그녀는 쏟아지는 잠을 참으며 이를 악물고 아기를 간호했다. 아기는 열이 높아서 매우 고통스러워했다. 고통으로 일그러지는 아기의 얼굴을 보는 것이 그녀에게는 큰 고통이었다. 아기의 고통을 누그러뜨리기 위해 최선을 다했지만, 별 효과가 없었다. 힘든 일을 겪은 그녀는 후에 이런 글을 썼다.

"고개를 돌려 아기의 얼굴을 보았다. 일그러진 아기의 얼굴과 두 눈에 괴로움의 빛이 역력했다. 나는 그 애가 정말 고통당한다는 것을 알았다. 나는 돌아앉아 '하나님, 저는 하나님을 버립니다. 저는 저 아이에게 이런 큰 고통을 허락하신 하나님을 사랑할 수 없습니다' 라고 말했다."

그후 그녀는 신앙을 버리고 이성주의자(理性主義者)가 되었다. 얼마나 어리석은 선택인가! 그녀는 자기가 최악의 선택을 했다는 것을 몰랐을 것이다. 이 일은 1세기 전에 일어난 일이다. 내가 아는 한, 그녀는 다시 신앙으로 돌아오지 않았다. 그녀는 영원히 후회할 선택을 한 것이다. 그녀는 자기를 창조하신 하나님보다 자신의 아기를 더 사랑한 것이다. "하나님이 내 아기에게 고통을 허락하셨기 때문에 나는 하나님을 버립니다"라고 말하는 사람이 진정 하나님을 사랑하는 사람일까? 이런 사람은 하나님을 사랑하는 사람이 아니라 자기를 사랑하는 사람이다. 또한 아기를 향한 그녀의 사랑도 사실은 사랑이 아니라 자기의 이기심을 아기에게 투영(投影)한 것에 불과하다.

나의 장모님은 젊은 시절 아기를 잃는 슬픔을 당했다. 아기가 죽었을 때 그녀는 슬퍼서 아무 기력이 없었지만 아기의 장례를 준비해야 했다. 장인어른이 나무로 관을 만들었고, 장모님은 수의를 지었다. 장례식이 거행될 때 사람들은 무덤 곁에 서 있는 그녀가 울부짖으며 쓰러질 것이라고 생각했다. 하지만 그녀는 "함께 찬송가를 부릅시다"라고 말한 후 찬송가 1장의 '만복의 근원 하나님'을 부르기 시작했다. 장례식이 끝난 후 어떤 사람들은 "아무래도 자식을 잃더니 머리가 돌았어"라고 말하면서 집으로 돌아갔다. 하지만 또 다른 사람들은 "새로 태어난 아기를 무덤에 묻고 그 곁에 서서 '만복의 근원 하나님'을 부르다니! 이것이야말로 하나님을 향한 신앙과 사랑이 아니겠는가!"라고 말하면서 발걸음을 옮겼다.

당신이 가진 것을 혹시 하나님이 취해가시지 않을까 두려워한다면, 당신은 아직도 성숙한 신앙이 무엇인지를 모르는 것이며, 당신은 여전히 당신의 소유물의 노예에 불과하다. 우리가 진정 세상적 사랑에서 해방된 그리스도인이라면, 우리에게 불평과 원망이 있을 수 없다. 더 이상의 바람도, 갈망도 있을 수 없다. 만일 하나님이 내게 무엇을 주기를 원하신다면, 내가 그것을 위해 기도하면 된다. 만일 내가 무엇을 갖는 것을 하나님이 원치 않으신다면, 나도 그것을 원하지 않으면 되는 것이다.

세상적 두려움에서 해방된 그리스도인

두려움은 인류를 얽어매는 사슬이다. 우리는 어떤 것을 사랑하지만, 그것을 얻지 못할까봐 두려워할 수 있다. 또한 우리가 사랑하는 것을 소유했으면서도, 그것을 잃을까봐 두려워할 수도 있다. 그러나 예수 그리스도의 복음은 우리를 두려움에서 모두 해방시킨다. 세상적 두려움에서 해방된다는 것은 무엇인가? 그것은 하나님의 뜻을 선택한다는 것을 의미한다. 왜냐하면 하나님의 뜻을 따르는 사람은 결코 세상의 그 무엇도 두려워할 필요가 없기 때문이다. 이런 사람이 두려워하는 것이 있다면, 그것은 오직 하나님의 뜻에서 벗어나는 것이다. 이런 사람은 "나는 하나님의 뜻에서 벗어나는 것을 원하지 않는다. 내가 하나님의 뜻 안에 거한다면 나는 아무것도 두려워할 필요가 없다. 내가 하나님의 뜻 안에 거하는 한, 하나님이 나를 지켜주실 것이다"라고 담대히 말할 수 있다. 그렇다! 하나님께는 우리를 지켜줄 능력이 있다. 하나님은 그 방법을 아신다. 그리고 하나님은 기꺼이 그렇게 해주실 만큼 우리를 사랑하신다.

> 하나님의 뜻을 따르는 사람은 결코 세상의 그 무엇도 두려워할 필요가 없다. 이런 사람이 두려워하는 것이 있다면, 그것은 오직 하나님의 뜻에서 벗어나는 것이다.

내가 아무 두려움이 없다고 말하면 내 가족이나 친구들은 "정말이세요? 정말 아무 두려움이 없어요?"라고 물으면서 내 말을 믿지 않는다. 그러나 사람들이 내 말을 믿든 말든 나는 내게 두려움이 없다고 담대히 말하지 않을 수 없다. 어떤 사람은 "암 같은 것이 두렵지 않으세요? 암으로 죽을까봐 두렵지 않으세요?"라고 물을지 모르겠다. 암으로 죽을까봐 두려워하게 될지도 모르겠다. 하지만 암이란 놈이 서둘러야 할 것이다. 그렇지 않으면 내가 먼저 노령(老齡)으로 죽을 것이기 때문이다. 설사 내가 암으로 죽는다 해도 나는 두려워하지 않을 것이다. 왜냐하면 그렇다 하더라도 하나님의 뜻 안에 거하기만 한다면 영적으로는 전혀 해를 당하지 않을 것이기 때문이다. 하나님의 뜻 안에 거하는 사람은 결코 영적으로 해를 당하지 않는다.

이교도로서 금욕주의자였던 소크라테스는 "선한 사람은 이 세상이나 오는 세상에서 해를 당하지 않는다"라고 말하며 죽었다고 한다. 그리스도를 믿지 않는 이교도가 이렇게 말했는데, 그리스도인이면서 두려움에 가득한 눈빛으로 사방을 살피며 이 세상을 살아가야 하는가? 결코 그럴 수 없다. 오히려 나는 하나님의 은혜에 힘입어 "주여, 이교도의 믿음보다 더 큰 믿음을 제게 주소서. 저는 하나님의 뜻 안에 있는 자가 결코 해를 당하지 않는다고 믿습니다"라고 말해야 할 것이다.

당신은 내게 "나는 직업을 잃을까봐 두렵습니다"라고 말할지 모르겠다. 그렇다면 나는 "당신이 직업을 잃는다 해도 목숨을 잃는 것은 아니요"라고 대답하겠다. 다시 당신이 "하지만 내가 목숨을 잃을 수도 있는 것 아닙니까?"라고 말한다면, 나는 "그렇다 하더라도 당신의 구주를 잃는 것은 아니요"라고 대답하겠다. 그리스도인은 영적인 해를 당할 수 없다. 신앙인은 두려움에서 해방된 사람이다. 이런 사람이 진정으로 성공한 자가 아닌가! 아무리 지위가 높고 돈이 많다 하더라도 두려움과 불안에 떨면서 산다면 진정한 성공자가 아니다.

나는 교회 중직자들이나 교단 총회의 임원들을 두려워하는 목회자를 보면 딱한 생각이 든다. 그들을 두려워하지 않는 나를 약간 비정상적인 사람이라고 여기는 사람들이 있을지 모르겠다. 하지만 남들이 무엇이라고 말하든 간에 나는 교단 총회의 임원들을 두려워한 적이 없다.

교인들 앞에서 내가 위축되는 경우도 거의 없다. 어떤 탁월한 설교자의 설교와 나의 설교가 비교되어 나의 설교가 아마추어 수준으로 느껴질 수도 있을 것이다. 그러나 이럴 경우라 하더라도 나는 위축되거나 두려워하지 않고 다만 나의 부족함을 인정하고 더욱 노력하겠다고 다짐할 것이다. 다시 말하지만, 내가 하나님의 뜻 안에 있다면 나는 이 세상의 그 무엇도 두려워할 필요가 없다.

의사가 큰 주사기를 들이댈 때 위축되지 않을 사람이 있겠는가? 이런 두려움은 지극히 본능적인 것이기 때문에 세상적 두려움과는 본질적으로 다르다. 이런 두려움은 해가 없는 두려움이다. 하지만 질병, 가난, 친구, 원수 그리고 죽음에 대한 두려움은 해로운 두려움이다. 우리가 이런 해로운 두려움에 사로잡히는 것은 하나님의 뜻이 아니다.

내가 주장하는 깊은 영적인 삶, 즉 영적으로 성공한 삶은 몽상(夢想)이 아니다. 아무도 잡을 수 없는 신기루 같은 이상(理想)이 아니다. 이것은 정상적인 그리스도인의 삶이다. 이것에 미치지 못하는 삶이 오히려 비정상적인 그리스도인의 삶이다. 그러므로 우리는 하나님께 순종하여 계속 깊은 영적인 삶으로 나아가야 하지 않겠는가? 우리 모두 함께 저 깊은 물, 즉 "사람이 능히 건너지 못할 강"(겔 47:5)으로 나아가야 하지 않겠는가?

SUCCESS AND THE CHRISTIAN

2부

하나님이 인정한 성공자가 되는 방법은 무엇인가?

A.W. TOZER

명심하라. 허세적(虛勢的)인 깃털들을 다 뽑아버리고 본래의 크기로 작아지지 않는 한 결코 신령한 사람이 될 수 없다는 것을! 당신 자신을 부인하라. 당신이 그리스도와 함께 십자가에 못 박혀 죽었다고 믿어라. 그리스도의 보혈과 성령의 능력이 당신의 믿음을 현실로 만들 것이라고 믿어라. 그리고 이 믿음대로 살라.

04
하늘 성공공식을 따른다

이 허망한 세상에서 진정한 성공의 삶을 살기를 원하는가? 그렇다면 다음 세 가지를 행하라. 첫째, "여호와는 광대하시다"라고 말하라. 둘째, 육신을 억제하라. 셋째, 단순하게 살아라.

의미 있는 삶을 위한 세 가지 준칙

인생을 가볍게 여겨서는 안 된다. 우리는 진지한 자세로 삶에 임해야 한다. 다행스럽게도, 인생을 결코 가볍게 여겨서는 안 된다는 것을 깨달은 사람들이 있다. 그들은 어떻게 삶의 문제를 풀어나가고 죽음을 이길 수 있을까, 어떻게 남은 인생을 의미 있게 보낼 수 있을까, 그리고 어떻게 영혼의 구원을 얻을 수 있을까에 관심을 갖고 있다.

그들은 이 완고한 세대에 휩쓸리지 않고 영혼의 구원을 얻기를 원한다. 그들은 장차 도래할 세상의 멸망에서 벗어나기를 간절히 원한다. 이런 사람들은 조언(助言)을 원할 것이고, 나는 바로 그 조언을 해주고 싶다. 완전한 사람의 조언은 아니다. 다만 이런 사람들을 돕겠다는 일념(一念)을 가진 사람의 조언이요, 오랜 세월 성경의 교훈에 따라 사랑하며 살아온 사람의 조언이요, 하나님과 동행하는 삶을 살아온 사람의 조언이다.

당신은 이 완고한 세대에서 구출받기를 원하는가? 멸망을 향해 치닫는 이 허망한 세상에서 진정한 성공의 삶을 살기를 원하는가? 그렇다면 다음 세 가지를 행하라.

첫째, "여호와는 광대하시다"라고 말하라.

둘째, 육신을 억제하라.

셋째, 단순하게 살아라.

이것은 다음 성경 구절들의 교훈이기도 하다.

"주의 구원을 사랑하는 자는 항상 말하기를 여호와는 광대(廣大)하시다 하게 하소서"(시 40:16).

"그러므로 땅에 있는 지체를 죽이라 곧 음란과 부정과 사욕과 악한 정욕과 탐심이니 탐심은 우상숭배니라… 종들아 모든 일에 육신의 상전들에게 순종하되 사람을 기쁘게 하는 자와 같이 눈가림만 하지 말고 오직 주를 두려워하여 성실한 마음으로 하라"(골 3:5,22).

"오직 한 일 즉 뒤에 있는 것은 잊어버리고 앞에 있는 것을 잡으려고"(빌 3:13).

"여호와는 광대하시다"라고 말하라

시편 기자 다윗은 "주의 구원을 사랑하는 자는 항상 말하기를 여호와는 광대하시다 하게 하소서"(시 40:16)라고 기도한다. 여러 해 동안 기도하고 관찰한 결과, 나는 우리 신앙인들이 가진 문제의 근본 원인이 하나님을 '작은 하나님'으로 보는 것이라는 결론에 도달했다.

"'여호와는 광대하시다'라고 말하라"는 것은 무슨 뜻인가? 이것은 "하나님을 큰 하나님으로 만들어라"라는 뜻이 아니라, "하나님을 크게 보라"는 뜻이다. 하늘에 떠 있는 별은 본래 지구와 비교할 수 없을 정도로 크지만, 우리의 눈에는 작게 보인다. 본래 큰 별을 우리가 크게 만들 필요도 없고, 그렇게 할 수도 없다. 본래 큰 별을 크게 보기 위해 우리는 망원경을 사용한다. 망원경을 가지고 별을 볼 때 우리가 별을 크게 만드는 것이 아니라, 단지 별을 크게 보는 것이다. 이처럼 우리도 하나님을 큰 하나님으로 만들 수 없고, 다만 그분을 크게 보아야 한다는 것이다.

"자유주의자들의 하나님은 작은 하나님이고, 복음주의자들의 하나님은 크신 하나님이다"라는 말이 오늘날 유행한다. 복음주의자들의 하나님이 크신 하나님인 것은 사실이다. 하지만 대부분의 복음주의자들은 하나님을 크게 보지 않는다. 말로는 기억하라. 우리의 눈에 인간이 크게 보일수록 하나님은 작게 보인다는 사실을!

"하나님은 큰 하나님이시다"라고 하지만, 실제로는 하나님을 작게 본다.

그러므로 나는 "하나님을 크게 보라"라고 말하고 싶다. '여호와는 광대하시다'라고 말하라! 성경말씀은 모두 귀하고 중요하다. "예수 그리스도는 어제나 오늘이나 영원토록 동일하시니라"(히 13:8)는 말씀도 귀하고, "하나님이 세상을 이처럼 사랑하사 독생자를 주셨으니 이는 저를 믿는 자마다 멸망치 않고 영생을 얻게 하려 하심이니라"(요 3:16)는 말씀도 중요하다. 그런데 내 생각에 더욱 중요한 말씀은 "태초에 하나님이 천지를 창조하시니라"(창 1:1)라는 말씀이다. 왜냐하면 이 말씀에서 모든 것이 시작되기 때문이다. 하나님은 만유의 근원이시다. 하나님에게서 모든 것이 시작된다. 하나님을 떠나서는 그 무엇도 존재할 수 없다. 어떤 믿음의 사람은 이런 글을 남겼다.

하나님은

만유 위에 계시며,

만유 아래 계시며,

만유 밖에 계시며,

만유 안에 계신다.

하나님은

위에 계시나 낮은 곳을 굽어보시며,

아래에 계시나 높은 곳을 살피시며,

밖에 계시나 유리(遊離)되지 않으시며,

안에 계시나 갇히지 않으신다.

하나님은

위에서 온전히 만유를 다스리시며,

아래에서 온전히 만유를 지탱하시며,

밖에서 온전히 만유를 품으시며,

안에서 온전히 만유를 채우신다.

'작은' 하나님?

우리가 하나님을 크게 본다면, 사람을 작게 보게 될 것이다. 그러나 우리의 현실은 어떤가? 인간적으로 위대하고 매력적인 사람들이 우리의 눈에 크게 보이지 않는가? 기억하라. 우리의 눈에 인간이 크게 보일수록 하나님은 작게 보인다는 사실을! 심히 유감스럽게도, 지금 하나님은 우리 눈에 작게 보이신다. 심지어 우리의 모임에서 하나님이 전혀 보이시지 않을 때도 종종 있다. 그리하여 우리는 "어찌하여 성령님이 우리에게 복을 주시지 않는가?'라고 묻는다. 그분이 우리에게 복을 주시지 않는 이유는 그분이 우상숭배자들에게 복을 주시지 않는 이유와 똑같다. 사람을 존경하는 것은 좋은 일이지만, 숭배하는 것은 잘못이다. 우리 사람들끼리 서로 존경하는 것은 하나님이 기뻐하시는 일이지만, 서로를 숭배하는 것은 하나님의 뜻이 아니다. 매우 안타깝게도, 그리스도인들 중에도 영웅 숭배가 만연해 있다. 그러므로 우리의 눈에 하나님은 점점 더 작은 분으로 보일 뿐이다.

"여호와는 광대하시다"라고 말하라. 하나님은 자신의 영원한 목적을 위해 일하신다. 하나님은 하나님 자신의 계획에 따라 일을 추진하신다.

오래전에 장로교 사람들이 영국의 런던에 모여 그들의 교리를 체계화했다(훗날 이것은 '장로교 39개 조항'이라는 이름으로 불리게 되었다). 그들은 다른 모든 교리들에 대해 정의(定義)를 내렸지만, 하나님에 관한 교리를 정의하는 데에는 매우 어려움을 느꼈다. 만족할 만한 정의를 내리는 데 실패한 그들은 완전히 실망하여 포기 일보 직전이었다. 그때 토론회의 사회자가 앞에 앉아 있는 젊은 목사에게 "형제님, 하나님에 관한 교리에 대해 무엇이라고 써야 할지 깨달음을 달라고 하나님께 기도해주십시오"라고 말했다.

그 젊은 목사는 자리에서 일어나 앞에 있는 의자를 붙잡고 눈을 꼭 감고 머리를 흔들더니 이렇게 열렬히 기도했다.

"오, 하나님! 하나님은 영(靈)이십니다. 하나님의 존재와 지혜와 권능과 거룩함과 공의와 선함과 진리는 무한하고 영원하고 불변하십니다."

그 순간 누군가 "바로 그겁니다. 그거면 충분합니다"라고 말했다. 그리하여 그들은 이것을 하나님의 정의(定義)로 삼았다.

노바티안(Novatian, A.D. 257년경 순교한 로마의 장로)은 "하나님의 위엄을 묵상해보라. 그러면 당신은 침묵하지 않을 수 없을 것이다"라고 말했다. 이 말은 우리가 하나님에 대해 어떻게 표현하든 그분은 그 표현에 담긴 것보다 더 크시다는 말이다. 어떤 언어도 그분을 표현하기에는 부족하다. 그분은 모든 장엄함보다 더 장엄하시고, 모든 고상함보다 더 고상하시고, 모든 심오함보다 더 심오하시고, 모든 빛보다 더 밝으시고, 모든 권세보다 더 강하시고, 모든 진실함보다 더 진실하시고, 모든 자비보다 더 자비로우시고, 모든 정의(正義)보다 더 정의로우시고, 모든 위엄보다 더 위엄스러우시다.

셰익스피어를 능가하는 상상력

구약의 이사야서에는 이런 말씀이 나온다.

"너희는 눈을 높이 들어 누가 이 모든 것을 창조하였나 보라 주께서는 수효대로 만상을 이끌어내시고 각각 그 이름을 부르시나니 그의 권세가 크고 그의 능력이 강하므로 하나도 빠짐이 없느니라"(사 40:26).

사실 나는 이런 성경 구절이 있는지를 몰랐지만, 누군가의 이야기를 듣고 알게 되었다. 이사야는 비유를 사용하는데, 이것은 인간이 만들어낸 비유 중 가장 웅장한 것이 아닌가 싶다. 세익스피어나 다윗의 어떤 비유도, 심지어 이사야의 다른 어떤 비유도 이 비유만큼 웅장한 것 같지 않다.

이사야는 하늘의 별들이 마치 푸른 초장의 수많은 양떼처럼 무수히 많은 중에 하나님이 목자처럼 그들 중에 거닐면서 그들의 이름을 부르신다고 보았다. 당신의 머리가 터질 것 같지 않다면, 하늘을 수놓고 있는 수많은 별들이 몇 개인지를 상상해보라. 그리고 하나님께서 그 별들을 목자처럼 이끌며 그들의 이름을 각각 부르신다고 상상해보라. 그분은 그것들의 이름을 하나도 빼놓지 않으실 것이다. 우리 하나님은 바로 이런 하나님이시다.

하나님은 우리가 하나님을 크게 보기를 원하신다. 신자들이 많이 모인다고 해서 큰 예배가 되는 것은 아니다. 예배 중에 사람들이 크신(위대한) 하나님을 보게 될 때 그 예배가 큰(위대한) 예배가 되는 것이다. 그들이 하나님을 점점 더 크게 볼수록, 그들의 예배는 점점 더 큰 예배가 될 것이다. 나의 친구는 "많은 사람들이 모여서 작은 하나님을 보는 것보다는 적은 사람들이 모여서 크신 하나님을 보는 것이 더 낫다"라고 즐겨 말하곤 했다.

> 많은 사람들이 모여서 작은 하나님을 보는 것보다는 적은 사람들이 모여서 크신 하나님을 보는 것이 더 낫다.

당신이 하나님 안에서 나이를 먹어가는 그리스도인이라면, 마땅히 당신은 점점 더 하나님께 가까이 가야 하고, 그분은 당신께 점점 더 가까이 오셔야 하며, 다른 것들은 점점 더 작아져야 한다.

친구여! 당신 교회의 목회자가 한 달에 열 번씩 당신을 웃겨주어야 당신이 즐겁게 교회생활을 할 수 있는가? 만일 그렇다면 당신은 크게 잘못된 것이다. 사람에게 의지하지 말고 하나님께 의지하라. 당신에게 하나님이 이 세상에서 가장 큰 존재가 아니라면, 당신이 무슨 말을 해도 나는 감동하지 않을 것이다.

우리는 예배 중에 크신 하나님을 보고 느껴야 한다. 우리는 우리 주위에 충만하신 하나님을 보아야 한다. 우리는 산에서, 우레에서, 불에서 그분을 보아야 한다. 우리는 십자가 위에서 피와 눈물을 흘리신 분을 보아야 한다. 우리는 하늘에서 강림하실 분, 흰 말을 타실 분, 보좌에 앉아 열국을 심판하실 분을 보아야 한다.

'하나님'이라고 말할 때 나는 '삼위일체 하나님'을 의미한다. 언젠가 어떤 사람이 "토저 목사님, 다른 목회자들은 언제나 예수님에 대해 이야기하는데, 목사님은 왜 언제나 하나님에 대해서만 이야기합니까?"라고 말하며 나를 비판했다. 나는 그 사람에게 아무 대답도 하지 않았다. 나는 나를 비판하는 사람들에게 대답을 하지 않는다. 사실 나는 그들에게 대답하게 될까 봐 두렵다. 왜냐하면 나의 혀가 너무 날카롭기 때문이다. 비판을 받을 때 나는 침묵을 지킨다.

그러나 이것 한 가지만은 분명히 말해두겠다. 내가 '하나님'이라고 말할 때 나는 성부, 성자, 성령 삼위일체 하나님을 의미한다. 나는 '하나님'이라고 말할 때, 삼위일체 하나님을 나누지 않는다. 우리는 삼위일체 하나님을 분할(分割)할 수 없다. 우리는 성부, 성자, 성령의 삼위(三位)를 혼동해서도 안 되지만, 또한 일체(一體)를 나누어서도 안 된다. 하나님은 부분적으로 임재하시는 것이 아니다. 성부가 계신 곳에는 성자와 성령도 계시며, 성자가 계신 곳에는 성부와 성령도 계시며, 성령이 계신 곳에는 성부와 성자도 계시다. 하나님은 대리자를 보내지 않으신다. 삼위일체 하나님이 직접 온전히 임재하신다. 이것이 당신에게 복된 소식이 아니라면, 당신은 거듭난 사람이 아니다.

하나님을 크게 코라. 만일 그렇지 않다면 당신의 삶과 사역과 죽음이 보잘것없는 것이 될 것이다. 나는 하나님께서 당신의 눈에 크신 분으로 나타나시기를 기도한다. 당신에게 하나님이 크신 하나님이 되신다면, 당신과 나의 대화는 세상살이에 대한 시시한 대화가 아니라 하나님에 다한 고상한 대화가 될 것이다.

> 하나님을 크게 보라. 만일 그렇지 않다면 당신의 삶과 사역과 죽음이 보잘것없는 것이 될 것이다.

육신을 억제하라

우리가 두 번째로 해야 할 것은 육신을 억제하는 것, 즉 육신을 죽이는 것이다. 그리스도인들은 자신이 육신과 싸우지 않으면 안 된다는 사실을 인정해야 한다. 내가 말하는 '육신'(flesh)은 우리의 '몸'(body)이 아니다. 우리의 몸은 피와 살과 뼈로 이루어져 있을 뿐이다. 하나님이 우리의 몸에게 진노하신다는 과거 수도사들의 사상(思想)은 어처구니없는 사상이다. 비유적으로 말해, 우리의 몸은 우리가 입고 다니는 옷과 같다. 우리의 몸은 본질적으로 선한 것도 아니고 악한 것도 아니다. 그렇기 때문에 철학자들은 이것을 '초도덕적'(超道德的)인 것이라고 불렀다. '도덕적인' 것도 아니고 '비도덕적인' 것도 아니라 중립적인 것이라는 뜻이다. 다시 말하지만, 성경이 "너희 육신을 억제하라"라고 말할 때 그것은 우리의 뼈, 살, 피, 머리카락, 치아, 눈, 위장 그리고 피부를 죽이라는 말이 아니다. 우리의 육신을 죽이라는 것은 우리의 자아, 우리의 옛 사람, 우리 안의 악(惡)을 죽이라는 말이다.

양파 밭에서 양파를 뽑아내듯이 옛 사람을 우리에게서 뽑아낼 수 있다면 오죽 좋겠는가! 그렇게 할 수 있다면, 옛 사람이 사라진 우리 자신을 보며 큰 자긍심을 느낄 것이다. 하지만 아주 유감스럽게도, 이 '육신'이라는 것이 바로 우리 자신이다. 주님이 "육신을 억제하라"라고 우리에게 말씀하실 때 그것은 우리의 몸을 굶기거나 못이 박힌 침대 위에 눕혀서 괴롭게 하라는 뜻이 아니다. 그것은 우리의 육신을 십자가에 못 박으라는 뜻이다. 즉, 그것은 그리스도의 십자가를 통해 우리의 육신을 억제하는 것이다. 이것은 우리로서는 지극히 힘든 것이고, 사실 사람들은 이렇게 하기를 매우 싫어한다.

과거에 어떤 사람들은 육신을 십자가에 못 박는 교리를 매우 강조함으로써 새로운 교파를 출범시켰다. 그러나 안타깝게도, 이것은 이제 옛날이야기가 되어버렸다. 지금 사람들은 이런 교리를 박물관의 골동품 정도로 생각하는 것 같다.

나의 옛 사람

내가 말하는 '옛 사람'은 무엇인가? 그것은 당신의 교만, 비열함, 분노, 심술궂음, 색욕(色慾), 다툼 같은 것들이다.

목회자들이여! 내가 말하는 '옛 사람'은 무엇인가? 더 큰 교회로 가려고 애쓰는 것, 교인들의 헌금 액수가 적다고 불평하는 것, 교회에 큰 고기는 없고 작은 고기만 있다고 원망하는 것, 기도를 소홀히 하면서 과도하게 책상물림으로 지내는 것, 경건이 아닌 학위에만 착념하는 것, 이런 것들이 목회자의 '옛 사람'이다.

집사들이여! 내가 말하는 '옛 사람'은 무엇인가? 교회의 각종 회의(會議)에서 당신의 잘못된 주장을 철회하지 않고 버티면서 당신 교회의 불쌍한 독회자를 지치게 만드는 것이 당신의 '옛 사람'이다.

찬양대원들이여! 내가 말하는 '옛 사람'은 무엇인가? 혹시 당신은 당신보다 노래를 더 잘하는 사람을 미워하지 않는가? 혹시 당신은 당신의 실력이 부족하다는 것을 모든 사람이, 특히 찬양대 지휘자가 잘 알고 있지만 굳이 당신이 솔로를 하겠다고 고집하지는 않는가? 우리는 이런 옛 사람을 경건한 표정과 말투와 몸가짐 속에 숨기고 있지는 않는가? 겉으로는 앗시시의 프란시스(Francis of Assisi, 1181~1226. 이탈리아의 성인으로 프란체스코 수도회의 창설자)처럼 미소를 짓지만 속에는 육신적인 것들로 가득하지 않은가?

당신의 육신을 억제하라. 그렇지 않으면 당신의 육신이 당신을 죽일 것이다. 오늘날이 어떤 시대인가? 육신은 스스로를 도덕적인 것으로 교묘하게 위장하여 우리에게 접근한다. 그리하여 우리는 육신적인 것을 지극히 정상적인 것으로 착각한다. 뿐만 아니라 우리는 육신적인 것을 합리화하고 너그럽게 봐주는 사상을 발전시키는 부끄러운 짓을 자행한다.

어떤 사람은 주위 사람들에게 화를 내고 금방 아무렇지도 않은 듯이 기도를 하곤 한다. 이런 사람의 기도는 중언부언하다가 끝나고 만다. 나는 이런 사람을 신뢰하지 않는다. 목사이든 평신도이든 그 누구든 화를 잘 내는 사람은 신령한 사람이 아니라고 나는 단언한다. 그런 사람은 육신적인 사람이므로, 불과 피로써 깨끗하게 씻겨야 한다. 화를 내는 것은 죄를 짓는 것이다. 그런데도 우리는 육신적인 것을 당연한 것으로 인정한다. 우리는 겸손히 참고 인내하는 사람이 존중받는 것이 아니라 오히려 화를 내는 교만한 사람이 더 대접받는 문화를 만들어내고 말았다.

내게 송곳을 주신 하나님

몇 년 전 하나님은 내게 날카로운 송곳을 주시면서 "아들아, 교만하게 부풀어 오른 네 자아(自我)에 구멍을 내라"고 말씀하셨다. 나는 그 송곳으로 내 자아를 찔렀으며, 바람이 '쉿' 소리를 내며 내 자아에서 조금씩 빠져나가기 시작했다. 그러자 이곳저곳에서 불평의 소리가 들리기 시작했다. 왜냐하면 과대 포장되어 부풀어 올랐던 내가 본래의 나 자신으로 작아지는 것을 본 사람들이 실망을 느꼈기 때문이다. 하지만 나는 개의치 않았다. 오히려 나는 과대 포장된 자아를 훌훌 벗어버리는 것이 즐거웠다.

젊었을 때 나는 총 쏘기를 아주 즐겼다. 22구경 회전식 연발 권총을 즐겨 사용했다. 한가한 시간에 재미 삼아 친구와 함께 야외로 나가 표적을 만들어놓고 총을 쏘았다. 우리는 그 표적을 '진흙 닭'이라고 불렀는데, 왜냐하면 진흙을 닭 모양으로 만들었기 때문이다. 그런데 우리가 그것에 깃털들을 많이 꽂았기 때문에 그것은 실제보다 훨씬 더 커보였다. 오늘날 대부분의 그리스도인들도 이와 같다. 우리가 깃털을 꼿꼿이 세우고 있기 때문에 사람들은 우리가 실제로는 얼마나 작은지를 알지 못한다. 우리는 얼마나 과대 포장되어 있는가!

'억제하다'(mortify)라는 영어 단어의 라틴어 어원과 '영안

> 우리는 육신을 죽여야 한다. 그렇지 않으면 육신이 우리를 죽일 것이며, 우리에게는 아무 능력도 기쁨도 열매도 유익도 승리도 없을 것이다.

실'(mortuary)이라는 단어의 라틴어 어원은 동일하다. 우리가 잘 알듯이, 영안실은 '죽은 사람'을 두는 곳이다. 그러므로 이 단어들에는 '죽음'이라는 뜻이 내포되어 있다. 육신을 억제한다는 것은 육신을 죽인다는 것이다. 그러나 유감스럽게도, 지금 우리는 육신을 죽이는 것에 대해 별로 이야기하지 않는다. 설사 이야기를 한다 해도, 육신을 죽이는 것이 본래의 크기로 작아지는 것이라고 믿지 않는다.

그러나 명심하라. 허세적(虛勢的)인 깃털들을 다 뽑아버리고 본래의 크기로 작아지지 않는 한 결코 신령한 사람이 될 수 없다는 것을! 당신 자신을 부인하라. 당신이 그리스도와 함께 십자가에 못 박혀 죽었다고 믿어라. 그리스도의 보혈과 성령의 능력이 당신의 믿음을 현실로 만들 것이라고 믿어라. 그리고 이 믿음대로 살라.

어떤 사람들은 경건한 모습으로 예배를 드리지만, 마음속에 여전히 원한과 분노가 남아 있다. 그들은 여전히 돈을 사랑하고 화를 잘 낸다. 그러면서도 그들은 자기들이 예배에 빠짐없이 참석했노라고 자랑한다. 그들은 거룩한 체하는 사람들이며 완전히 속고 있는 사람들이다. 우리는 육신을 죽여야 한다. 그렇지 않으면 육신이 우리를 죽일 것이며, 우리에게는 아무 능력도 기쁨도 열매도 유익도 승리도 없을 것이다.

단순하게 살아라

모든 사람들은 너무 많이 가지고 있고, 너무 많이 알고, 너무 많이 보고, 너무 많이 듣고, 너무 많은 곳들을 찾아다닌다. 우리는 우리의 삶을 단순하게 만들어야 한다. 그렇지 않으면 모든 것을 잃게 될 것이다.

인생에는 중심이 있고, 또한 주변부가 있다. 당신은 영혼의 중심에서 하나님을 만날 수 있다. 중심에서 바깥쪽으로 나가면 바깥뜰, 들판, 숲 그리고 사막이 있다. 대부분의 사람들은 중심에서 살지 않는다. 그러나 하나님은 "너희는 '잠잠하여' (개역한글 성경에서는 "너희는 가만히 있어"라고 번역되어 있다 - 역자 주) 내가 하나님 됨을 알지어다' (시 46:10)라고 말씀하신다. 대부분의 사람들은 크게 소리 지르지 않으면 자신들의 신앙이 후퇴할 것이라고 두려워한다. 하지만 하나님의 음성을 들을 때까지 잠잠히 있어 보면, 자기들이 이제까지 너무 시끄러웠다는 것을 깨닫게 될 것이다.

하나님의 임재가 너무 강하게 느껴져서 사람들이 입을 떼기를 두려워하는 모임이 훌륭한 모임이다. 내가 동참했던 아름다운 모임들 중 하나는 속삭이는 소리조차 들리지 않았던 모임이다. 그런 모임들에서는 하나님의 능력이 너무 강하게 나타나기 때문에 그 누구도 감히 입을 열지 못했다. 내가 가장 유창하게 기도할 때 오히려 기도의 열매가 가장 적다. 그러나 유창한 기도를 중단하고 눈을 들어 하나님을 보며 하나님이 내 마음에 말씀하시기를 기다릴 때 하나님은 내게 매우 강력하게 말씀하신다. 그럴 때 나는 연필과 공책을 취하여 하나님의 말씀을 받아적지 않을 수 없다.

바퀴의 비유를 들어보자. 자동차에 작은 바퀴를 달면 속도는 줄지만 힘은 세진다. 반면 큰 바퀴를 달면 속도는 빨라지지만 힘은 약해진다. 즉, 바퀴의 중심에서 멀어질수록 속도는 빨라지지만 힘은 약해지는 것이다. 이 원리는 하나님의 백성에게도 적용된다. 당신이 마음의 중심과 영혼의 성소(聖所)와 하나님의 임재로부터 멀어질수록 속도는 빨라지겠지만 힘은 약해질 것이다. 그러나 안타깝게도, 대부분의 그리스도인들은 빨리 가는 데 관심이 있지 힘에는 관심이 없다.

소크라테스가 아테네에 갔는데, 몇몇 사람들이 그를 1,000원 균일가(均一價) 상점들로 데리고 다녔다. 그는 맨발로 그들을 따라 한나절 동안 이곳저곳을 돌아다녔다. 그런 후에 그들은 그에게 앉아서 쉬라고 말하면서 "소크라테스, 이 상점 저 상점을 돌아다닌 기분이 어떻습니까?"라고 물었다. 그는 "내게 필요 없는 물건들이 아테네에 이렇게 많은 줄을 전에는 몰랐습니다"라고 대답했다. 그가 얼마나 단순한 삶을 살았는가! 이에 비해 오늘날 우리는 너무 많이 알고 너무 빨리 변화하지 않는가!

> 당신은 당신의 영혼의 부흥을 원하는가? 그렇다면 지금 당장 집으로 가서 라디오와 TV의 플러그를 뽑고 열흘 동안 다시 꽂지 말라.

어떤 사람들은 내가 너무 급진적(急進的)이라고 말한다. 맞는 말이다. 사실, 19세 이후로 나는 급진적이라는 말을 들어왔다. 급진적인 내가 한마디 묻겠다. 당신은 당신의 영혼의 부흥을 원하는가? 진정 원하는가? 그렇다면 지금 당장 집으로 가서 라디오와 TV의 플러그를 뽑고 열흘 동안 다시 꽂지 말라. 라디오와 TV를 버리라는 말이 아니다. 전화기의 플러그까지 뽑으라고 말하고 싶지만, 그렇게까지 요구하지는 않겠다. 아무튼 적어도 라디오와 TV의 플러그를 뽑아라. 그리고 하나님과 단둘이 만나는 시간을 가져라. 이것이 단순하게 사는 첫걸음이다.

05
영적 **성장** 원칙을 지킨다

● 이 복잡한 세상에서 살려면 우리는 몇 가지 중요한 원칙을 붙들어야 한다. 왜냐하면 중요한 원칙은 우리의 삶 전체를 바꾸어놓을 수 있기 때문이다. 중요한 원칙은 단단히 박힌 못과 같고, 비행기를 인도하는 방향지시 전파와 같다.

다섯 가지 원칙

당신이 어떤 원리와 법칙에 따라서 사는지 아닌지 나로서는 알 길이 없지만, 적어도 나는 중요한 원칙을 붙들고 살려고 노력한다. 즉흥적으로 또는 임기응변으로 사는 것은 내 성격에 맞지 않는다. 내가 원칙에 충실한 삶을 사는 것인지를 점검하면서 살아가는 것이 내 성격에 맞는다. 이 복잡한 세상에서 살려면 우리는 몇 가지 중요한 원칙을 붙들어야 한다. 왜냐하면 중요한 원칙은 우리의 삶 전체를 바꾸어놓을 수 있기 때문이다. 중요한 원칙은 단단히 박힌 못과 같고, 건물의 견고한 기초와 같고, 비행기를 인도하는 방향지시 전파와 같다. 이 중요한 원칙을 가르쳐주는 말씀은 베드로전서 2장 17절이다.

"뭇사람을 공경하며 형제를 사랑하며 하나님을 두려워하며 왕을 공경하라."

이제 나는 이 말씀을 근간으로 해서 다섯 가지 삶의 원칙들에 대해 언급하려고 한다. 당신이 이것들을 받아들여서 실천한다면 당신의 삶이 하나님 보시기에 성공하고 성장하여 꽃을 피울 것이다.

첫째, 만물에 대해 경이감을 가져라

만물을 지으신 분은 하나님이시다. 만물은 아름답고 경이로운 것이다. 그러나 지금은 경이감(驚異感)이 사라진 시대이다. 이것은 참으로 비극이다. 오늘날 사람들은 모든 것을 다 안다는 착각에 빠져 경이감이 무엇인지조차 알려고 하지 않는다. 그러나 다윗은 그렇지 않았다. 그는 하나님이 지으신 인간들을 바라보며 "사람이 무엇이관대 주께서 저를 생각하시나이까"(시 8:4상)라고 노래했다. 어디 다윗뿐인가? 이사야, 예레미야, 에스겔 등의 성경 기자들은 하나님의 피조 세계를 바라보며 경이감에 빠졌다.

구약성경은 하나님이 지으신 자연에 대한 서사시(敍事詩)라고도 말할 수 있다. 당신은 시편 104편을 눈여겨본 적이 있는

> 이 세계는 천국의 앞뜰이다. 귀를 기울이기만 한다면 천사들의 노래를 들을 수 있다.

가? 시편 104편의 기자는 우선 하나님을 찬양하는 말로 그의 시를 시작한다. 그런 다음, 하나님이 물에 자신의 누각의 들보를 얹으시고 구름으로 자기 수레를 삼으시고 바람 날개로 다니신다고 노래한다. 새, 산, 산양, 바위, 너구리, 달, 절기, 해, 흑암, 삼림의 짐승들, 땅, 바다, 악어 등이 이 놀라운 서사시에서 언급된다.

만물은 놀라운 기적이다. 예수님이 물을 포도주로 변화시키신 것만이 기적은 아니다. 해가 떠서 치료의 광선을 발하고, 안개를 쫓아내고, 싹이 나게 하고, 개구리가 나와서 울게 하고, 물고기가 헤엄치게 하고, 새가 노래하게 하는 것도 기적이다. 하나님이 그 손으로 만들어내신 것이 모두 놀라운 기적이다. 그렇다. 우리가 사는 이 세계는 아무도 살지 않는 어두운 황무지가 아니다. 이 세계는 천국의 앞뜰이다. 귀를 기울이기만 한다면 천사들의 노래를 들을 수 있다.

하나님의 발자국은 우리 주변에서 얼마든지 발견된다. 미들턴(Middleton)은 "새들은 어둠 속에서 노래한다"라고 말했다. 나뭇잎에 가려진 채 지저귀는 새의 모습은 보이지 않지만 그것의 노랫소리는 들린다. 이와 마찬가지로 하나님이 우리 눈에 보이시는 것은 아니지만, 하나님의 발자국은 선명하게 보인다.

하나님은 자신의 나뭇가지들 사이에서 노래하신다. 그분은 그분의 우주에서 창조와 구속(救贖)의 노래를 부르신다. 조금만 주의를 기울인다면 우리는 그분의 숨결이 우리를 감싸는 것을 느낄 수 있다. 만물이 하나님의 작품이라는 것을 깨달을 때 비로소 우리는 만물의 본질을 깨달을 것이다. 언젠가 한 영국인이 이렇게 말했다.

"날마다 아침에 일어나면 이 세상이 천국으로 보일 때, 당신이 하나님의 궁전에 있다고 느껴질 때, 당신이 천사들 틈에 끼여 있다고 착각할 정도로 만물에 대한 경이감에 사로잡힐 때, 그때 비로소 당신은 이 세상을 제대로 즐기는 것이다. 당신의 기쁨은 왕을 맞이하는 왕비의 기쁨보다 클 것이다."

우리는 하나님이 만드신 세상 안에 살고 있는데, 이 세상은 격자(格子)에 비유될 수 있다. 이 격자를 통해 주의 깊게 살펴보면 하나님이 지나가시는 것을 적어도 흐릿하게나마 볼 수 있다. 그러므로 우리는 이 '세상'이라는 격자를 통해 하나님을 발견하는 법을 배워야 한다. 그러나 안타깝게도 우리는 세속화되었다. 잘못된 상업주의와 과학주의가 우리를 끌어내려서 세속화하도록 용인하고 말았다.

그러나 우리는 시인이 되고 음악가가 되어야 한다. 내가 시를 많이 쓰지는 않았지만, 그럼에도 불구하고 나는 시인이다.

나는 악기를 연주할 줄 모르지만, 그럼에도 불구하고 나는 음악가이다. 당신도 마찬가지이다. 당신도 나처럼 시인이요, 음악가이다. '세상'이라는 격자를 통해 보이는 하나님을 노래하고 그분의 음성을 듣는 사람은 누구나 시인이요, 음악가이다.

영국의 시인 윌리엄 블레이크(William Blake, 1757~1827)가 어느 날 이른 아침 바닷가에서 장엄한 일출(日出)의 광경을 지켜보고 있었다. 그때 어떤 사람이 그의 곁으로 다가와 섰는데, 그는 런던에서 내려온 상인(商人)이었다. 동쪽 하늘을 물들이며 수평선 위로 서서히 모습을 드러내는 태양에서 쏟아져 나오는 햇살이 잔물결에 부딪혀 수천 개로 갈라졌다. 블레이크가 먼저 고개를 돌려 옆 사람에게 말을 걸었다.

"당신 눈에 무엇이 보입니까?"

"저건 마치 금 조각 같군요. 내 눈에는 1파운드 금화로 보입니다. 당신에게는 어떻게 보입니까?"

"내 눈에는 하나님의 영광이 보입니다. 그리고 철썩거리는 저 파도 소리는 무수한 천사들이 '거룩 거룩 거룩 전능하신 주여'라고 노래하는 것 같습니다."

얼마나 큰 차이인가! 똑같이 지구 위에 두 발을 딛고 살면서 이토록 다를 수 있을까? 수천 개로 갈라진 햇살의 파편들 속에서 어떤 사람은 1파운드 금화를 보고, 또 다른 사람은 하나님의 영광을 본다. 우리도 블레이크처럼 철썩거리는 파도 소리 속에서 "거룩하다 거룩하다 거룩하다 만군의 여호와여 그 영광이 온 땅에 충만하도다"(사 6:3)라는 스랍들의 찬양 소리를 들어야 하지 않겠는가?

우리는 그렇게 사는 법을 배워야 한다. 우리는 상인, 과학자 그리고 세상적인 사람들이 우리를 끌어내리도록 용인해서는 안 된다. 당신이 상인인가? 그렇다 해도 화내지 말라. 물건을 사기도 하고 팔기도 하는 나 역시 상인이 필요한 사람이다. 때때로 책을 팔기도 하므로, 나 역시 상인이다. 그러므로 나에게 화내지 말라. 그러나 한 가지는 기억하라. 하나님은 머릿속이 회계장부나 서류 생각으로 가득한 사람을 찾지 않으신다는 것을! 하나님은 금고실(金庫室)이나 창고 속에 파묻혀 인생을 다 보내는 사람, 지갑을 열었다 닫았다 하면서 돈 계산에만 몰두하는 사람, 절세(節稅)의 방법을 찾느라 하루 종일 골몰하는 사람을 찾지 않으신다. 하나님은 하나님의 아름다운 세상 속에서 하나님을 만나고 싶어 하는 사람을 찾으신다. 모든 것에 대해 외경심을 품어라.

둘째, 모든 사람들을 존중하라

왜 우리가 모든 사람들을 존중해야 하는가? 그것은 그들이 하나님의 형상으로 창조된 존재들이기 때문이다. 비록 인간이 타락하여 망가지고 추하게 되었지만 그래도 신앙의 눈으로 보면 인간에게서 그 나름대로의 가치가 발견된다. 그리스도를 영접하여 죄사함을 받고 깨끗한 존재가 될 수 있는 가능성은 누구에게나 열려 있다. 침상에서 악한 일을 계획하는 자들에게도 하나님을 알고 새 삶을 살 수 있는 가능성이 열려 있다.

때때로 미술품 수집가들은 운 좋게 걸작을 만난다. 보통 사람들의 눈에는 그것이 망가진 옛날 물건으로만 보이지만, 그들의 날카로운 눈에는 그것의 진가(眞價)가 포착된다. 그들은 그것이 레오나르도 다 빈치나 루벤스(P.P. Rubens, 1577~1640. 플랑드르의 화가)의 작품이라는 것을 알아챈다. 하지만 그것은 오랜 세월 동안 방치되어 있었기 때문에 전문가를 통해 수선(修繕)되어야 한다. 수선 전문가는 화학 약품을 사용하여 작품에 손상을 주지 않으면서 완전히 복원시킨다. 결국 그것은 작가에 의해 만들어질 당시와 똑같이 아름다운 모습으로 다시 세상 사람들 앞에 나타난다.

세상의 눈으로 보면 인간의 진가가 제대로 포착되지 않는다. 세상의 눈으로 보는 사람들은 서로를 쳐다보며 "저 친구는 황인종이구먼", "저 친구는 흑인종이구먼", "저 친구는 백인종이구먼", "저 친구는 홍인종이구먼"이라고 말하면서 서로 무시한다. 세상의 눈은 "(하나님께서) 인류의 모든 족속을 한 혈통으로 만드사 온 땅에 거하게 하셨다"(행 17:26상)는 것을 보지 못한다. 그러나 믿음의 눈은 색소 형성에 따라 달라진 피부의 색깔을 보지 않고, 그 피부 속의 인간을 본다.

인간이 타락한 것은 사실이지만 그래도 하나님의 형상으로 창조된 인간이다. 그러므로 "핵폭탄이 인류를 지구상에서 쓸어버리면 어떻게 하나?"라고 걱정하면서 호들갑을 떠는 사람들을 볼 때 내 입가에는 냉소(冷笑)의 빛이 감돈다. 왜냐하면 나는 하나님의 형상으로 창조된 인간이 핵폭탄으로 인류를 완전히 끝장낼 것이라고 믿지 않기 때문이다. 그들은 우리가 모두 핵폭탄에 가루가 될 것이기 때문에 우리를 묻어줄 사람조차 없을 것이라고 걱정한다. 하지만 나는 그들의 말을 믿지 않는다. 내가 아는 한, 성경은 인류가 핵폭탄으로 멸망할 것이라고 가르치지 않는다. 핵폭탄이 도시 몇 개를 파괴하는 일이 발생할 수는 있을 것이다. 하지만 나는 하나님의 형상으로 창조된 인간이 핵폭탄으로 인류를 완전히 끝장낼 것이라고는 믿지 않는다.

한 세대 전에 블루버드(Bluebird)라는 이름의 여인이 있었다. 그녀는 뉴욕 시의 바우어리 가(뉴욕 시의 큰 거리의 하나. 싸구려 술집과 여관 및 부랑자 등으로 유명하다)의 멀베리 벤드에 살았다.

그녀는 사탄이 아주 기뻐하는 삶을 살았다. 음주, 흡연, 마약에 찌든 그녀의 삶은 사도 바울의 표현대로 '말하기도 부끄러운' 삶이었다. 그러던 중 그녀는 감옥에 갇히게 되었다. 구세군 소속의 한 여성이 그녀를 찾아가서 "당신을 사랑합니다"라고 말하면서 계속 말을 걸었다. 하지만 블루버드는 그녀를 저주하며 쫓아냈다. 하지만 그녀는 다시 와서 계속 말을 걸었다. 블루버드는 그녀를 다시 저주하며 쫓아냈다. 하지만 붉고 작은 띠가 달린 예쁜 모자를 쓴 그녀는 계속 찾아왔다. 드디어 블루버드는 그녀에게 차갑게 말했다.

"당신은 하나님이 나를 사랑하신다고 말합니다. 하지만 정작 당신은 나를 사랑하지 않아요."

"나는 당신을 사랑합니다."

"당신은 나를 사랑하는 것이 아니라, 단지 당신의 일을 하는 것뿐이겠지요. 봉급을 받고 이 일을 하는 것 아닌가요? 당신은 단지 일을 사랑하는 거예요. 당신이 정말 나를 사랑한다면, 내게 키스해줄 수 있나요?"

블루버드의 말이 끝나자마자 구세군 소속의 그 여자는, 감방의 창살 틈으로 두 손을 집어넣어 블루버드의 헝클어진 머리를 쓸어내리고 더러운 얼굴을 감싸 자기 얼굴 쪽으로 끌어당겨서 입을 맞추었다. 그러자 블루버드는 감옥의 차가운 돌바닥에 주

저앉아 흐느끼기 시작했다. 그녀의 눈물에서 그녀의 영혼이 녹아 나오는 것 같았다. 그 눈물 속에는 순수했던 소녀 시절에 주일학교에서 배운 "하나님은 사랑이시다"라는 말씀이 녹아 있는 것 같았다.

그날 그 차가운 돌바닥에서 그녀는 하나님께 마음을 열었다. 그후 얼마 안 되어 그녀는 사면을 받아 출옥했다. 감옥에서 나오자마자 그녀는 기독교 단체에 가입했으나(내 추측에는, 그것이 구세군이었던 것 같다), 약 3개월 후에 하나님께 부름을 받았다. 하지만 그 짧은 기간 동안 그녀는 불꽃 같은 삶을 살았다. 그녀는 한때 자신이 전전했던 술집, 사회복지 시설, 죄악의 거리를 찾아가서 하나님이 자기에게 행하신 일을 증거했다. 그녀가 숨을 거두었을 때 그녀의 장례 행렬이 너무나 길어서 경찰이 교통정리에 나서야 할 정도였다고 한다. 전에는 그녀가 멀베리 벤드의 거리들을 배회하는 타락한 존재였으나, 이제는 아름다운 성도로 이 세상을 떠난 것이었다.

우리는 모든 사람들을 존중해야 한다. 그들의 현재의 모습을 보면 존경할 수 없을지 모르지만, 어린양의 보혈과 성령님의 새롭게 하시는 능력을 통해 변화될 수 있는 가능성을 보고 그들을 존중해야 한다. 오늘날 '하나님 없는 철학들'이 우리에게 다가와 우리는 단지 동물에 불과하다고 속삭인다. 이런 거짓

> 예수 그리스도를 통해서 하나님이 '타락한 걸작'을 찾아내어 복원 작업을 하신다면, 그 걸작은 그리스도의 얼굴의 광채를 다시 발할 것이다.

철학들에서 나치즘, 파시즘 또는 공산주의가 지배하는 전체주의적 국가들이 탄생했다. 그러나 기독교는 인간을 존중한다. 왜냐하면 인간은 하나님의 은혜로 말미암아 변화되어 영생을 누릴 수 있는 존재이기 때문이다. 레오나르도 다 빈치나 루벤스의 작품이 먼지 속에 뒹굴 때에는 초라하기 짝이 없지만, 전문가의 손을 거쳐 세상의 빛을 볼 때 얼마나 아름다운 작품으로 거듭나는가! 예수 그리스도를 통해서 하나님이 '타락한 걸작'을 찾아내어 복원 작업을 하신다면, 그 걸작은 그리스도의 얼굴의 광채를 다시 발할 것이다.

셋째, 형제애를 존중하라

내가 말하는 '형제애'(兄弟愛)는 구원받은 자들 사이의 형제애, 즉 육신의 생명보다 더 높은 생명에 의해 서로 결합된 사람들의 형제애이다. 우리의 삶에는 두 가지 차원이 있다. 하나는 자연적 차원이고, 다른 하나는 영적 차원이다. 육신적으로는 분명 나는 미국인이다. 하지만 육신적 생명보다 더 높고 더 고상하고 더 위대한 생명이 있다. 그것은 바로 영적 생명이다. 그런데 영적 생명을 공유한 자들 사이에는 영적 형제애가 생길 수밖에 없다. 나는 전 세계의 그리스도인들에게 형제애를 느낀다. 사실, 그리스도인이 아닌 미국인들보다 다른 나라의 그리스도인들이 내게 더 가깝게 느껴진다.

교회에서 어떤 낯선 사람이 당신의 옆 자리에 앉아 있다. 그가 그리스도인이 아니라면, 별 생각 없이 교회를 찾은 소위 '교회 방문객'일 수도 있다. 하지만 그가 그리스도인일 수도 있는데, 만일 그리스도인이라면 그는 구원받지 못한 당신의 가족이나 친척보다 당신에게 더 가까운 사람이다. 내게는 구원받은 친척이 있는데, 그들은 물론 내게 무척 가깝다. 또한 내게는 구원받지 못한 친척이 있는데, 그들과는 옛날 펜실베이니아의 농장에서 있었던 일이나 고향 친구들에 대한 이야기를 30분 정도 하고 나면 할 말이 별로 없다. 그러나 하나님의 자녀들과 대화를 나누면 이야기가 끝날 줄 모른다. 하나님의 자녀들은 영원히 이야기를 나누어도 화제(話題)가 떨어지지 않을 것이다.

"그때에 여호와를 경외하는 자들이 피차에 말하매 여호와께서 그것을 분명히 들으시고 여호와를 경외하는 자와 그 이름을 존중히 생각하는 자를 위하여 여호와 앞에 있는 기념책에 기록하셨느니라 만군의 여호와가 이르노라 내가 나의 정한 날에 그들로 나의 특별한 소유를 삼을 것이요 또 사람이 자기를 섬기는 아들을 아낌 같이 내가 그들을 아끼리니"(말 3:16,17).

성도들 사이의 형제애는 아름답고 귀한 것이다. 설사 다른 그리스도인들이 내게 아무 관심이 없다 하더라도 나는 그들에게 관심을 갖는다. 에드윈 마크햄(Edwin Markham)의 아름다운 시 한 편을 읽어보자.

> 그는 원을 그려놓고 나를 그 밖으로 밀어냈다.
> 그에게 나는 이단자요, 반역자요, 조롱의 대상이었다.
> 그러나 사랑과 나는 모두가 살 수 있는 지혜를 발휘했다.
> 우리는 원을 그려놓고 그를 그 안으로 끌어들였다.

언젠가 내가 시카고에서 겪었던 일이다. 주일학교 학생들이 넘쳐서 교회 공간이 부족했다. 마침 맞은편에 다른 교파의 교회가 있었는데, 우리는 그들의 주일학교를 세내어 사용했다. 그러나 얼마 후 또 학생들이 불어나 우리는 그들에게 그들의 본당을 사용할 수 없겠느냐고 문의했다. 그들이 모여 회의를 했으나, 결국 "미안하지만, 우리 교단이 아닌 교회에게 성소를 빌려줄 수는 없습니다"라는 답신이 날아들었다.

우리는 그들의 결정을 수용했지만, 쓴웃음을 짓지 않을 수 없었다. 우리는 그들의 성소 근처에 얼씬도 하지 않았다. 그러나 나는 이것 하나만은 분명히 이야기하고 싶다. 그들이 진정 그리스도인이라면, 우리를 받아들여야 했을 것이다. 우리를 본당에 들일 수 없다고 결정한 그들의 기관 이름이 무엇인지 나는 잘 모르겠지만, 아무튼 엄밀히 말해 그들은 우리를 거부할 권리가 없다. 왜냐하면 우리가 이단이 아닌 이상 우리와 그들은 형제지간이기 때문이다.

때때로 나는 이곳저곳의 대형 예배당들을 둘러보곤 한다. 그런데 어느 곳에서나 어김없이 발견되는 것이 있는데, 그것은 소위 '접근금지 구역'이라는 조그마한 특별한 장소이다. 그곳의 둘레에는 밧줄이 쳐져 있으며, 그 옆에는 "방문객은 이 밧줄 안으로 들어갈 수 없습니다"라는 푯말이 세워져 있다. 그러나 진정 그리스도의 교회라면 이런 '금지 구역'이 있어서는 안 된다. 히브리서 기자의 말을 들어보자.

"그러므로 우리에게 큰 대제사장이 있으니 승천하신 자 곧 하나님 아들 예수시라 우리가 믿는 도리를 굳게 잡을지어다… 그러므로 우리가 긍휼하심을 받고 때를 따라 돕는 은혜를 얻기 위하여 은혜의 보좌 앞에 담대히 나아갈 것이니라"(히 4:14,16).

그리스도인이라면 누구나 은혜의 보좌 앞에 담대히 나아갈 수 있다. 그런데 눈에 보이는 교회 건물의 특정 장소 안으로 들어갈 수 없다는 것은 있을 수 없는 일이다. 그런 장소가 '은혜의 보좌 앞'보다 더 거룩하다는 말인가?

어떤 그리스도인이 나를 무시하는 듯한 시선으로 바라보거나 심지어 나를 그리스도인이 아니라고 여길지라도 그는 분명 나의 형제이다. 그가 그리스도인이고 내가 그리스도인이라면, 장차 우리는 천국에서 만나 서로의 손을 붙잡고 "우리는 그리스도의 보혈에 힘입어 이곳에 왔습니다!"라고 기뻐할 것이다.

나는 웨스트버지니아 주(州)에서 처음으로 목회를 했다. 그곳의 교회에는 나이 지긋한 성도가 있었는데, 그의 이름은 브레이크아이언(Breakiron, '쇠를 부순다'라는 뜻이다)이었다. 이 이름은 그에게 너무나 어울리지 않는 이름이었다. 왜냐하면 그는 참으로 친절하고 부드럽고 경건한 사람이었기 때문이다. 그의 얼굴은 떠오르는 아침 해처럼 밝게 빛났다. 그의 기도는 무척 은혜로웠고, 그의 간증은 감동적이었다. 언젠가 나는 어떤 사람과 이야기를 하게 되었는데, 그는 "나는 침례를 받지 않은 사람은 구원을 받을 수 없다고 믿습니다"라고 말했다. 나는 그에게 "나는 당신과 논쟁하고 싶지 않습니다. 다만 한 가지만 묻겠습니다. 브레이크아이언 형제는 어떻습니까? 그는 감리교 신자라서 단지 물을 뿌리는 세례를 받았을 뿐입니다. 그가 구원받을 것 같습니까?"라고 물었다. 그는 자기의 턱을 문지르더니 "나는 이 문제에 대해 말하기 싫습니다. 모르겠습니다"라고 대답했다. 그는 자신의 교리적 편견에 사로잡혀 전혀 비성경적인 주장을 늘어놓았던 것이다. 그는 교리적 편견 때문에 하나님의 자녀를 구원 공동체에서 쫓아내려는 짓을 즉시 중단하고 형제애를 존중해야 할 것이다.

넷째, 하나님을 두려워하라

'하나님을 두려워하는 것'은 천지를 지으신 전능하신 성부, 그분의 독생자 예수 그리스도 그리고 보혜사(保惠師) 성령을 두려워하는 것이다. 여기서 '두려워한다'는 것은 '공포심을 갖는다'는 뜻이 아니라 '경외심(敬畏心)을 갖는다'는 뜻이다. 즉, 죄를 지으면 두려워하고 복을 받으면 감사하고 그분의 존전에서 떨며 경배하는 것이다.

사물의 신비를 푸는 열쇠는 '신학적 해석'이다. '신학적 해석'이라는 것은 하나님의 관점에서 사물을 보는 것이다. '하나님의 관점에서 본다'는 말은 '성소(聖所)에서 내려다보듯이 본다'는 말이다. 만일 성소 밖에서 사물을 이해하는 열쇠를 찾으려고 한다면 분명 실패할 수밖에 없다. 왜냐하면 천지만물을 지으신 분은 바로 하나님이시기 때문이다. '신학적'(theological)이라는 말은 '하나님'을 뜻하는 '테오스'(theos)라는 말에서 유래했다. 하나님을 떠나서는 모든 것이 무의미하다. 그러므로 사물의 본질을 제대로 이해하려면 '신학적 해석'을 시도해야 한다.

언젠가 예배 중에 나는 "인간의 모든 문제들은 본질적으로 신학적 문제이기 때문에 신학적 접근을 통하지 않고는 문제 해결이 불가능하다"라고 설교했다. 예배가 끝나자마자 한 소녀가 설교단으로 나왔는데, 내가 보니 고등학생 같았다. 그녀의 곁에는 그녀의 아버지가 함께 있었는데, 그는 정부의 주도 하에 진행되는 1급 비밀 프로젝트에 참여하고 있는 저명한 화학자였다. 그녀는 내게 "목사님은 모든 문제들이 신학적 접근을 통해 해결되어야 한다고 말씀하셨는데, 그렇다면 수학 문제도 신학적으로 풀 수 있습니까?"라고 물었다. 그때 그녀의 아버지는 미소를 지으며 나를 옹호하는 발언을 했다.

"정직하지 않으면 수학 문제를 풀 수 없어. 수학 문제의 정답을 찾아내려면 완벽하게 정직해야 하지. 그러니까 '완벽한 정직'을 가르치는 신학적 교리가 심지어 수학에도 적용되어야 한다는 목사님의 주장은 옳아. 그렇지?"

철학은 사물의 본질을 탐구하고 존재의 수수께끼를 풀려고 노력한다. 철학자들은 그들의 머리를 사용하여 연구한다. 즉, 그들은 사고력(思考力)을 동원하여 사색한다. 그러나 인간의 머릿속에 든 것이 본래 많지 않기 때문에, 그리고 철학자들이 그들의 머리의 한계 안에 머물기를 고집하기 때문에, 그들의 연구 결과는 실망스럽다. 그들은 존재의 이유를 밝혀내지 못하며, 철학은 삶의 문제에 대답을 내놓지 못한다.

오늘날 철학의 자리를 차지한 것은 과학이다. 또한 과학은 신학의 자리도 차지했다. 철학이 철학자의 머릿속에서 지식을 찾는 것이라면, 과학은 이성(理性)이 자연 속에서 지식을 찾는 것이다. 과학적 지식은 관찰과 실험을 통해 얻어진다. 그러나 과학이 인생의 비밀을 풀어주는 것은 아니다. 인생의 비밀을 푸는 열쇠는 하나님 안에 있다. 그러므로 하나님을 두려워하고 '신학적 해석'을 시도하는 경건한 사람은 현인(賢人)이라고 말할 수 있다. 하나님을 아는 사람은 만물의 근원을 아는 사람이요, 인생의 비밀을 푸는 열쇠를 가진 사람이다.

과거에는 '하나님을 두려워하는 사람'이라는 표현이 많이 사용되었으나, 지금은 별로 사용되지 않는다. 이것은 유감스러운 일이다. 사실 나는 이 표현이 좋다. 이토록 육신적이고 세속적이고 악한 세상을 살아가면서 '하나님을 두려워한다는 것'은 쉬운 일이 아니다. 마귀가 그의 징그러운 꼬리를 휘두르며 우리의 목에 뜨거운 입김을 뿜어대는 이 사악한 세상을 살면서 '하나님을 두려워하는 사람'이 되는 것은 위대한 일이라고 말할 수 있다. 우리가 이 위대한 일을 해낼 수 있도록 도울 수 있는 분은 오직 하나님뿐이시다. 그러므로 하나님을 두려워하고 의지하라.

다섯째, 왕을 공경하라

이 원리는 '모든 사람들을 존중하라'는 두 번째 원리와 일맥상통한다. 우리가 모든 사람들을 존중하는 것은 그들이 하나님의 형상으로 창조된 존재들이기 때문이다. 그렇다면 우리는 왜 왕을 공경하는가? 그것은 그가 하나님의 형상으로 창조된 존귀한 사람들을 통치하는 사람이기 때문이다. 쉽게 말해, 왕은 존귀한 존재들을 통치하기 때문에 존귀한 존재이다.

민주제(民主制)든 군주제(君主制)든 또는 그 밖의 어떤 것이든 나는 인간의 정치체제의 가치를 믿는다. 그러나 나는 사람들에게 속지는 않는다. 군주가 자기 혼자 아무리 잘났다 해도 혼자서는 결코 영광을 얻지 못한다. 그가 영광을 얻으려면 그가 다스리는 백성이 잘나야 한다. 통치자는 자기가 다스리는 국민이 존귀한 존재들이기 때문에 자기가 존귀해진다고 믿어야 한다. 이것이 통치자가 받아들여야 할 '통치 철학'이다.

어느 나라를 막론하고 왕의 존귀함은 백성에게서 유래하고, 백성이 존귀한 까닭은 그들이 하나님의 형상으로 지음 받았기 때문이다. 우리가 국가의 정치체제의 가치를 인정하고 존중하는 것은 하나님이 그것을 세우셨기 때문이다. 그리고 우리가 왕과 여왕과 대통령을 존중하는 것은 하나님이 그들을 국민 위에 세우셨기 때문이다.

이제까지 말한 것들을 정리해보자. 우리가 만물에 경이감을 갖는 것은 하나님이 그것들을 지으시고 세우셨기 때문이다. 우리가 만인을 존중하는 것은 그들이 하나님의 형상으로 지음 받았기 때문

> 하나님을 모른다면, 아무리 세상에서 뛰어난 존재가 된다 하더라도 당신은 세상에 별로 도움이 되지 못할 것이다. 그러므로 먼저 하나님을 알아야 한다.

이다. 우리가 그리스도에 의해 구원받은 자들을 형제대로써 사랑하는 것은 그들이 우리와 영적으로 동류(同類)에 속하기 때문이다. 우리가 하나님을 긍경하는 것은 그분이 바로 하나님이시기 때문이다. 우리가 통치자를 존경하는 것은 하나님께서 자신의 형상으로 창조된 사람들을 다스리도록 그를 세우셨기 때문이다.

당신은 하나님을 진정으로 아는가? 하나님을 모른다면, 아무리 세상에서 뛰어난 존재가 된다 하더라도 당신은 세상에 별로 도움이 되지 못할 것이다. 그러므로 먼저 하나님을 알아야 한다. 먼저 성경에서 시작하라. 먼저 기도로 시작하라.

06
강하고 담대하게
신령한 전투를 수행한다

● 우리는 예수 그리스도의 복음, 성경의 진리 그리고 믿음의 조상들이 우리에게 물려준 신앙을 지키기 위해 싸워야 한다. 그리고 싸우기 위해서는 강하고 담대해야 한다. 사탄과의 전투에서 결코 물러서지 말아야 한다.

갈망과 두려움의 딜레마

인간이 하나님을 갈망하는 마음과 하나님을 두려워하는 마음 사이에서 딜레마에 빠질 수 있다는 사실은 비교적 잘 알려져 있는 것 같다. 하나님을 향한 갈망은 너무나 오랜 역사를 가지고 있다. 사도 바울은 희랍인들에게 복음을 전하면서 "인류의 모든 족속을 한 혈통으로 만드사 온 땅에 거하게 하시고 저희의 연대를 정하시며 거주의 경계를 한하셨으니 이는 사람으로 하나님을 혹 더듬어 찾아 발견케 하려 하심이로다"(행 17:26,27)라고 말했다. 인간이 문자를 발견하여 글을 쓰고 읽고 한 이래로 이제까지 남긴 수많은 글들을 보면, 인간의 깊은 곳에 하나님을 향한 갈망이 있음을 알 수 있다.

어떤 사람들은 깊은 산속의 동굴로 들어가 도(道)를 닦으면서 하나님을 알려고 노력한다. 인도 사람들은 갠지스 강에서 목욕을 하면 신(神)을 발견할 수 있다고 믿었다. 그런데 갠지스 강까지 가는 방법이 무척 특이했다. 사람들은 갠지스 강을 향해 땅바닥에 엎드려 자기의 이마와 지면이 맞닿은 지점을 확인한다. 그리고 일어나 그 지점에 두 발을 딛고 서서 거기서 다시 앞으로 엎드린다. 역시 이마와 지면이 맞닿은 지점을 확인한 다음 다시 일어나 그 지점에 두 발을 딛고 다시 앞으로 엎드린다. 이런 과정을 계속 반복하여 갠지스 강에 도달하여 목욕을 한다. 이것이 신을 찾는 그들의 방법이었다.

인간에게는 하나님을 두려워하는 마음도 있다. 창세기를 보자. 아담과 하와가 타락했을 때 하나님이 그들을 찾으셨다. 그들은 하나님의 낯을 피하여 동산 나무 사이에 숨었다. 하나님은 "네가 어디 있느냐"(창 3:9)라고 물으셨다. 아담이 숨은 것은 하나님을 두려워했기 때문이다. 예수님이 베드로에게 나타나셔서 기적을 베푸셨을 때 베드로는 그분 앞에 엎드려 "주여 나를 떠나소서 나는 죄인이로소이다"(눅 5:8)라고 말했다. 그는 예수님의 면전에서 두려움을 느꼈던 것이다. 이렇게 인간은 하나님을 갈망하면서 동시에 두려워하는 딜레마에 빠져 있다.

이교도의 본질적 한계

만약 당신에게 웨지우드 도자기(Wedgwood, 영국의 도예가 웨지우드의 기법에 따라 만들어진 도자기)가 있다면, 그것을 다시 한 번 보라. 거기에는 카메오 기법(cameo, 도자기나 보석에 그림이나 무늬를 새길 때 그 색이 바탕색과 달라지도록 돋을새김 하는 기법)으로 처리한 그림이 거의 발견되지 않을 것이다. 카메오 기법으로 처리한 도자기들은 거의 전부 희랍 신화의 영향을 받아서 만들어진 것들이다. 이런 도자기에서는 자기의 신(神)에게 희생을 드리기 위해 짐승을 제단으로 끌고 가는 사람의 그림이 종종 발견된다. 바위투성이의 산꼭대기나 숲에서 신을 찾을 수 있다고 믿었던 희랍인들은 그런 곳으로 어린 암소와 화관(花冠)을 가져다 제사를 지내곤 했다. 인간이 이렇게 신에게 제물을 드린다는 것은 신을 두려워하기 때문이다. 바꾸어 말해서, 인간은 신을 달래기 위해 제물을 드리는 것이다.

신을 달래기 위해 제물을 드려야 한다는 이교도의 사상은 두 가지 본질적인 문제를 안고 있다. 첫 번째 문제는 그들의 희생을 받는 신이 참하나님이 아니라는 점이다. 두 번째 문제는 그들의 희생이 실상 죄를 없애지 못한다는 것이다. 그러므로 이교도의 희생제사는 그들에게 아무런 유익을 주지 못한다.

반면 성경은 이교도의 이 두 가지 문제를 완전히 극복한다.

첫째, 구약에서 희생제사를 요구하시는 분은 유일하신 하나님이시다. 둘째, 구약의 제사제도가 이룰 수 없는 진정한 속죄를 그리스도께서 이루셨다. 구약은 하나님이 인간으로 오셔서 속죄의 제사를 드릴 것임을 예언했다.

이사야는 "보라 처녀가 잉태하여 아들을 낳을 것이오 그 이름을 임마누엘이라 하리라"(사 7:14)라고 예언했다. 이 예언은 신약에 와서 이루어졌다. 마태는 이 예언의 성취에 대해 "이 모든 일의 된 것은 주께서 선지자로 하신 말씀을 이루려 하심이니 가라사대 보라 처녀가 잉태하여 아들을 낳을 것이요 그 이름은 임마누엘이라 하리라 하셨으니 이를 번역한즉 하나님이 우리와 함께 계시다 함이라"(마 1:22,23)라고 기록한다. 예수님은 성장하셨을 때 자신에 대하여 "나를 본 자는 아버지를 보았다"(요 14:9하)라고 증거하셨다. 하나님이 인간으로 오신 분이 바로 예수 그리스도이시다. 그러므로 "두세 사람이 내 이름으로 모인 곳에는 나도 그들 중에 있느니라"(마 18:20)는 말씀처럼, 예수 그리스도의 이름으로 모인 곳에는 그분이 함께 계신다.

그리스도의 이름으로 모인 사람들

예배를 위해 모일 때 우리는 우리 주 예수 그리스도의 이름으로 모인다. 그런 자리에서 당신은 당신의 고파적 입장을 고집하기를 원하는가? 만일 그렇다면 당신에게 충심(衷心)으로 권하노니, 당신의 잘못된 편견을 버리게 해달라고 하나님께 기도드려라. 우리는 하나님의 자녀들을 쓸데없이 분열시켜서는 안 된다. 하나님이 나누지 않으시는데, 어찌 우리 인간들이 나누는가? 그리스도를 구주로 영접한 사람들은 모두 한 가족으로서 그리스도를 중심으로 모인다는 것을 기억하라.

사도행전 13장을 보자. 믿는 자들이 안디옥 교회에 모여 주님을 섬겼다. 그들은 그리스도를 중심으로 모였으며, "거룩한 옷을 입고"(시 29:2) 예배를 드렸다. 바로 그때 성령님이 그들에게 "내가 불러 시키는 일을 위하여 바나바와 사울을 따로 세우라"(행 13:2)라고 말씀하셨다. 이것은 성령님이 선교사를 파송한 사건이다. 그들이 그리스도의 이름으로 모여 주를 섬기고 금식할 때 성령님이 선교사를 파송하신 것이다.

오늘날 우리가 눈에 보이지 않는 하나님의 임재를 믿고 모이듯이 초대교회의 신자들도 그리스도를 중심으로 모였다. 그들은 "한마음이 되어 한곳에 모였다"(행 2:1. 개역한글 성경에는 "다 같이 한곳에 모였다"로 번역되어 있다 - 역자 주). 바로 그때 성령님이 그들에게 임하셨다. 현재 우리는 "오, 하나님! 우리가 하나가 될 수 있도록 성령님을 보내주소서"라고 기도한다. 하지만 우리는 초대교회의 신자들이 '한마음이 되어' 한곳에 모였을 때 성령님이 임하셨다는 것을 기억해야 한다. 성령님이 오셔서 그들을 하나로 연합시키신 것이 아니라, 그들이 하나로 연합되어 있을 때 성령님이 오신 것이다.

피아노가 제대로 조율(調律)이 되어 있어야 아름다운 소리가 나는 것이지, 아름다운 소리가 먼저 있어야 피아노가 조율되는 것은 아니다. '한마음이 되어'(with one accord)라는 말에서 영어 '어코드'(accord)는 '조화'라는 뜻도 있지만 '화음'이라는 뜻도 있다. 그런 의미에서 이것은 음악 용어이기도 하다. 그러므로 제자들은 마치 피아노가 조율되어 있듯이 서로 간에 마음이 열리고 화목한 상태에 있었던 것이다. 이런 상태에서 성령님이 그들에게 임하셔서 천상의 음악을 들려주신 것이다. 그러므로 우리는 "우리가 하나가 되도록 성령님을 보내주소서"라고 기도할 것이 아니라, 먼저 우리끼리 화목해야 한다.

두 사람의 집사가 서로를 싫어하는데 성령님이 오셔서 그들을 화목하게 하시는 것이 아니다. 두 명의 자매가 서로를 시기하는데 성령님이 오셔서 그들을 화목하게 하시는 것이 아니다.

고린도 교인들은 그렇게 모였지만, 그들은 큰 잘못을 범했다. 그들에게 분쟁과 편당이 있었다(고전 11:18-22). 거듭난 그리스도인이라면 누구나 성도의 교제의 울타리 안으로 들어올 수 있다고 나는 믿는다. 그러나 나는 또한 우리가 믿음의 조상의 신앙을 붙들어야 한다고, 즉 기독교 신조(信條)의 근본 교리를 고수해야 한다고 믿는다. 성도들이 모여서 교제를 나눌 때 진리에서 벗어나면 안 된다. 교제의 조건은 기독교의 근본 교리를 피차 수용하는 것이다. 믿음의 조상의 신앙을 붙들지 않는 사람들을 성도의 교제의 울타리 안으로 받아들이자는 운동이 현재 일어나고 있다.

바울의 경우를 생각해보자. 디모데전서에서 그는 '믿음에 있어서 파선한 사람들'에 대해 언급한다. 그는 "어떤 이들이… 그 믿음에 관하여는 파선하였느니라 그 가운데 후메내오와 알렉산더가 있으니 내가 사단에게 내어준 것은 저희로 징계를 받아 훼방하지 말게 하려 함이니라"(딤전 1:19,20)라고 말한다('훼방하다'는 '방해하다'와 '비방하다'의 두 가지 뜻이 있는데, 여기서는 '비방하다'의 뜻으로 사용된 것이다. 저자가 사용한 영역본에 의하면 이 비방은 신성모독적인 발언을 의미한다 - 역자 주). 그러므로 바꾸어 표현하자면, 바울은 "내가 사단에게 내어준 것은 저희로 징계를 받아 '신성모독적인 발언을 못하게' 하려 함이니라"라고 말한 셈이다. 그렇다면 후메내오와 알렉산더가 했다는 신성모독적인 발언은 무엇인가? 그것은 "부활이 이미 지나갔다"는 말이었다. 바울은 이런 발언을 한 사람들을 내쫓았다. 그는 진리를 떠난 자들을 교제의 울타리 안에 포함시키기를 거부했다.

어떤 이단 종파에서는 하나님께서 세상의 죄를 사탄에게 지우셨다고 말하지만, 이것은 천부당만부당한 주장이다. 하나님은 세상의 죄를 흠 없는 어린양 예수님에게 지우셨고, 예수님은 우리에게서 저주스러운 죄의 짐을 벗겨주셨다. 내가 이 성경의 진리에서 벗어난 주장을 한다면 나는 신성모독적인 발언을 하는 것이다. 내가 율법 준수의 행위를 통해 구원이 주어진다고 가르친다면 나는 신성모독적인 발언을 하는 것이다. 내가 율법의 행위 없이 오직 은혜로써 구원을 얻는다고 가르친다면 나는 성경의 진리를 가르치는 것이다.

성경의 진리에서 벗어나느냐 그 안에 머무느냐는 지극히 중요한 문제이다. 왜냐하면 이것이 '성도의 교제'(성찬)에 참여시키느냐 마느냐를 가르는 시금석(試金石)이기 때문이다. 우리 주변에는 기독교의 근본 교리에서 떠난 사람에 대해 관용적 태도를 취하는 사람들이 있다. 그들은 그런 사람을 가리켜 "그가 단지 우리와 생각을 조금 달리하는 것뿐이지 큰 문제는 없다. 그 역시 훌륭한 그리스도인이므로 우리가 받아들여야 한다"라고 말한다. 하지만 성경의 진리에서 떠난 사람에게 이런 태도를 취해서는 안 된다. 지엽적인 문제에서는 이견(異見)이 용납될 수 있지만, 근본 교리에서는 절대 그럴 수 없다. 성도들의 교제는 어디까지나 성경의 진리의 토대 위에서 이루어져야 한다.

강하고 담대하라

우리는 예수 그리스도의 복음, 성경의 진리 그리고 믿음의 조상들이 우리에게 물려준 신앙을 지키기 위해 싸워야 한다. 그리고 싸우기 위해서는 강하고 담대해야 한다. 만일 당신이 사탄에게 1센티미터를 허용하면 그는 결국 당신에게서 1킬로미터를 빼앗을 것이다. 마귀의 낙타가 더러운 코를 당신의 텐트 안으로 들이밀도록 허락해보라. 그러면, 오늘밤 9시가 되기 전에 그놈의 혹이 당신의 텐트 한복판에 있게 될 것이다. 그러므로 마귀의 낙타를 물리치라. 그것이 당신의 설교단 위로 더러운 코를 들이밀지 못하도록 경계하라.

시카고에서 31년간 목회하는 동안 나는 곤봉을 들고 내 설교단 옆에 서서 마귀의 낙타를 쫓아내었다. 나는 교리적으로나 도덕적으로 설교단에 설 자격이 없는 사람을 결코 용납하지 않았다. 나의 양들은 내가 그들을 지키기 위해 얼마나 긴장하면서 경계했는지를 잘 모를 것이다. 종교적으로 흥왕(興旺)했던 시카고에서는 신앙에 대해 이런저런 이야기를 하거나 설교단에서 설교하기를 원하는 사람들이 많았다.

언젠가 예배가 끝났을 때 어떤 사람이 본당의 가운데 통로를 통해 급히 내게로 다가왔다. 무슨 일인가 했더니 그는 세례에 대해 나와 논쟁하기를 원했던 것이다. 나는 그의 제안을 거부했다. 또 언젠가 내게 이런 편지가 날아들었다.

"목사님의 교회에서 설교할 기회를 주신다면, 저는 과거에 교도소 담당 목사로서 겪었던 일에 대해 설교하고 싶습니다. 교회의 설교단에 전기의자를 올려놓고 사형 집행에 관한 이야기를 할 수도 있고, 교수형 당한 사람들에 관한 이야기를 할 수도 있습니다. 저는 체중이 너무 많이 나가는 여자 사형수가 교수형 중에 목뼈가 부러지는 것도 보았습니다."

나는 그에게 다음과 같은 답장을 보냈다. 이것은 그리스도인의 양심을 걸고 쓴 답장이었다. 장차 주님이 사람들의 마음의 은밀한 것들을 심판하실 때 나는 나의 이 편지에 대해 조금도 가책(呵責)을 받지 않을 것이다. 나는 이렇게 썼다.

"당신이 죄수들을 위해 일한 것은 좋은 일입니다. 사회에 해악을 끼친 것에 대해 그 대가를 받은 사람들에게 당신이 그 나름대로 위로를 주었다면, 참으로 감사한 일입니다. 하지만 교회의 설교단에 전기의자를 올려놓고 사형 집행에 관하여 이야기를 한다거나 체중이 너무 많이 나가는 여자 사형수의 목뼈가 부러진 끔찍한 이야기를 한다는 것은 그리스도의 교회의 품위를 좀먹는 행위입니다. … 당신이 우리 교회에 와서 당신이 원하는 대로 설교했다고 칩시다. 당신의 설교를 들은 교인들이 입이 딱 벌어져 앞을 다투어 당신의 모자에 헌금을 했다고 칩시다. 그러나 그런 일이 벌어졌다 하더라도 그것이 당신의 행위가 옳다는 증거가 될 수는 없습니다. 오히려 그것은 교회가 얼마나 잘못된 방향으로 가고 있는지 보여주는 증거일 뿐입니다."

그후 그에게서 더 이상 다른 편지는 없었다. 또 한번은 어떤 사람이 휴지(休紙)를 잘게 부수는 기계를 가지고 찾아와서는 "목사님께서 교인들에게 휴지를 교회로 가져오도록 광고하신다면, 우리가 그 휴지를 이 기계로 처리하여 드리겠습니다. 그러면 그것을 팔아 교역자 사례비나 선교비로 쓰실 수 있을 것입니다"라고 말했다. 나는 그에게 이렇게 대답했다.

"여보시오, 저기 문이 보입니까? 당신이 저 문으로 최대한 빨리 나가주었으면 좋겠소. 우리 교회 교인들이 내가 당신 같은 사람과 이야기했다는 것을 알까봐 두렵소. 내가 당신에게 이런 제안을 받았다는 것을 그들이 알기라도 한다면, 나를 대하는 그들의 눈빛이 달라질 것이오. 우리 교회 교인들은 각자 자기 손으로 호주머니에서 돈을 꺼내어 헌금 바구니에 넣는 사람들이오. 우리는 그렇게 해서 교역자 사례비와 선교비로 쓴다오. 휴지를 처리하여 팔 생각은 추호도 없으니 썩 나가주시오."

이렇게 나는 우리 교회의 설교단을 지켰다. 도덕적으로나 교리적으로 제대로 된 사람이 아니라면 그 누구도 우리 교회의 설교단에 설 수 없었다. 뿐만 아니라 교회의 어떤 부서에서도 설교하거나 가르칠 수 없었다.

우리가 실수한 적이 딱 한 번 있었다. 우리가 아는 한 사람이 있었는데, 우리가 처음 그를 알았을 때 그는 우리의 눈에 복음주의요, 거듭난 그리스도인으로 보였다. 그후 그는 다른 지방으로 가서 신학교를 다녔으나 신앙을 잃었다. 우리는 그가 신앙을 버렸다는 것을 모르고 그가 교회의 청년들을 상대로 강연할 수 있도록 허락했다. 그 집회에는 나도 참석했다.

집회 중 강연 시간이 되자 그는 자리에서 일어나 짐짓 겸손한 척 미소를 지으며 우리를 내려다보았다. 그리고 우리 조상이 우리에게 전해준 기독교의 근본 교리들을 하나씩 하나씩 비판했다. 얼마 후 강의를 마친 그는 "질문이 있는 분은 질문하시기 바랍니다"라고 말한 다음 자리에 앉았다.

그러나 아무도 말을 하지 않았다. 계속 침묵이 흘렀다. 결국, 사회를 보던 청년회 회장은 "기도로써 오늘 모임을 마치겠습니다"라고 말했다. 모든 사람들이 자리에서 일어나 기도를 드림으로써 집회가 끝났다. 이 강사는 고개를 떨어뜨리고 있다가 아무 소리 없이 조용히 사라졌다. 아마도 그는 청년들이 일어나 그에게 반박함으로써 논쟁이 일어날 것이라고 예상했던 것 같다. 그러나 청년들 중 그 누구도 말하지 않았다. 그들은 훈련이 잘된 그리스도인들이었다. 그들은 신앙을 버린 사람과 논쟁함으로써 마음의 상처를 입을 만큼 어리석은 사람들이 아니었다. 그들은 그가 제풀에 사그라지게 만들었다.

분별의 지혜를 발휘하라

나는 그리스도인들의 교제가 얼마나 아름다운 일인지를 잘 안다. 하지만 넘지 말아야 할 선을 넘으면서까지 교제의 범위를 확대하는 것은 잘못이다. 주님은 장차 양과 염소를 구별하시겠다고 말씀하셨다. 나는 염소에게는 성도의 교제의 손을 내밀지 않을 것이다. 주님이 염소들을 주님의 뜻대로 다루실 것이다. 내가 이렇게 말한다고 해서 내가 그들을 정죄하거나 저주하는 것이라고 오해하지는 말라. 내 말은, 염소들을 성도의 교제의 울타리 안에 포함시켜서는 안 된다는 것이다.

물론, 우리는 염소들을 공격해서도 안 된다. 어떤 설교자들은 곤봉을 가지고 설교단에 올라가 염소들을 내리치는 경향이 있는데, 이것은 잘못이다. 언젠가 남부(南部)의 한 목회자가 내게 이런 이야기를 들려주었다.

나는 교회에 염소들이 있다는 것을 알게 되었습니다. 그래서 나는 "우리 교회에 염소가 있을 수 없다. 나는 염소를 죽이겠다. 염소가 있다면 그는 교회를 떠나야 할 것이다"라고 마음먹었습니다. 그들의 잘못된 생각을 부수어버리기 위한 설교를 3개월에 걸쳐 준비했습니다. 나는 설교단에 서서 약 1시간 동안 열변을 토했습니다. 설교 중에 나는 "염소는 주님께 속한 자가 아니다"라고 여러 번 강조했습니다. 설교를 끝내고 보니까 교회 안에 온통 양들의 털이 날고 있었습니다. 정작 염소들은 자리에 앉아 그들의 손을 문지르며 "아멘, 아멘, 옳습니다!"라고 말하고 있었습니다. 그들은 내 설교에 아무런 영향을 받지 않은 것이었습니다.

다시 말하지만, 나는 설교단에서 염소들을 공격하는 것이 소용없는 일이라고 믿는다. 그들은 진리를 믿지도 않고 진리대로 살지도 않는다. 고린도교회의 교인들은 진리를 믿었지만, 문제를 일으켰다. 그들은 성찬식 때에 주님의 임재를 느끼지 못했다. 이에 대해 바울은 그들이 "주의 몸을 분변치 못하고 먹고 마셨다"(고전 11:29)라고 지적했다. 그들이 성찬식 때에 잘못 먹고 마셨다는 것은, 주님이 성찬식에 임재하신다는 것을 알지 못하고 먹고 마셨다는 말이다. 그들의 잘못된 성찬식 거행은 하나님의 심판을 불러들였다. 교회가 성찬식 때에 주님의 임재를 느끼지 못했을 때 교회의 신앙은 퇴보했다.

요한계시록 2,3장을 보라. 그러면 그리스도인들의 사랑이 식어버리고, 그들의 생활이 타락하고, 교회의 교리가 왜곡되고,

그들이 살아 있는 이름을 가졌으나 실상 죽은 자들이 되어버렸다는 것을 알게 될 것이다. 많은 세월이 흐르고 한 세기(世紀)가 다른 세기로 바뀌었지만, 교회는 성찬식에 임재하시는 그리스도를 보지 못했기 때문에 올바른 성도의 교제를 누릴 수 없었다. 주님의 임재를 분별하지 못한 채 진행되는 성찬식은 성도의 교제를 방해한다는 것이 교회 역사(歷史)의 교훈이다.

교제의 중심은 그리스도

요한은 "우리의 사귐은 아버지와 그 아들 예수 그리스도와 함께함이라"(요일 1:3)라고 말한다. 덧붙여 말하자면, 우리의 사귐은 또한 성도들과 함께한다. 성도들의 교제가 있을 때 우리는 정치, 경제, 문학, 스포츠에 관해서는 조금 이야기하고 대부분 주 예수 그리스도에 관하여 이야기하게 된다. 우리의 교제의 중심은 그리스도이시다. 교회에서 교제의 중심은 목회자, 장로, 권사, 안수집사, 성가대 지휘자가 아니라 바로 그리스도이시다. 우리는 그리스도 안에서 하나이기 때문에, 그리스도를 중심으로 교제를 나누어야 한다.

교회는 단순히 조직체가 아니라 유기체이다. 교회는 거듭난 사람들의 모임이다. 만일 교회가 자체적으로 만든 규약에 따라 소수의 책임자들에 의해 운영되는 조직체라면 그것은 사실 교회가 아니다. 하나님의 아들을 중심으로 신자들이 모여서 서로 교제를 나눌 때 그것이 바로 교회이다. 고린도교회의 교인들이 그리스도께서 그들의 교제의 중심이심을 잊어버렸기 때문에 사도

> 교회에서 교제의 중심은 목회자, 장로, 권사, 안수집사, 성가대 지휘자가 아니라 바로 그리스도이시다.

바울은 그들에게 편지를 써서 꾸짖었다. 우리는 그리스도를 중심으로 모인다고 말하면서 사실 어떤 다른 것을 중심으로 모이지는 않는가? 만일 그렇다면 우리는 "이러므로 너희 중에 약한 자와 병든 자가 많고 잠자는 자도 적지 아니하니 우리가 우리를 살폈으면 판단을 받지 아니하려니와 우리가 판단을 받는 것은 주께 징계를 받는 것이니 이는 우리로 세상과 함께 죄 정함을 받지 않게 하려 하심이라"(고전 11:30-32)는 바울의 경고에 귀를 기울여야 한다. 우리가 성찬을 올바른 방법으로 먹지 않는다 하더라도 선하고 오래 참으시는 하나님은 우리를 용서할 준비를 하고 계신다. 왜냐하면 그렇게 해야 우리가 정죄당하는 일이 없기 때문이다. 그분이 우리를 판단하여 징계하시는 것은 우리가 회개하여 그분께 죄를 당하지 않도록 하기 위함이다.

자기 자식이니까 징계한다

이런 비유를 들어보자. 정원에서 두 아이들이 놀고 있다. 한

아이는 당신의 아들이고 다른 아이는 1킬로미터 떨어진 곳에 사는 다른 사람의 아들이다. 짓궂은 장난을 좋아하는 그들은 주변에서 눈에 보이는 모든 유리창을 깨어버리기로 마음먹는다. 그들은 돌을 던져 차고와 부엌의 창문들을 부수었으며, 이제 이웃집의 창들까지 부수려고 한다. 그때 당신이 그들을 붙잡는다. 그러나 당신은 그들을 똑같이 다루지는 않을 것이다. 우선 당신은 다른 집 아이에게 "집으로 가라. 내가 네 아빠에게 전화하마"라고 말할 것이고, 당신의 아이에게는 "안으로 들어와라. 얘기 좀 하자"라고 말할 것이다.

사실 나도 이와 유사한 일을 겪어보았다. 내 아들 중 한 녀석이 밉살스럽게 행동했다. 나는 3개월 동안 참다가 결국 그 녀석을 지하실로 데리고 가서 야단을 쳤다. 그후 아이는 한 달 반 동안 꽤 모범적으로 행동했다. 하지만 다시 또 옛날의 나쁜 모습이 나타났다. 나는 한 달 반 동안 참다가 그 애를 다시 지하실로 데리고 갔다. 만일 그 아이가 내 아들이 아니었다면 나는 그 아이를 집으로 돌려보냈을 것이다. 하지만 그 아이가 내 아들이었기 때문에 나는 그 아이를 사랑했고, 사랑했기 때문에 야단을 쳤던 것이다. 나는 그 아이의 미래를 위해 야단치고 징계하지 않을 수 없었다. 이것이 부모의 사랑이다.

하나님도 우리를 사랑하시기 때문에 징계하신다. 하나님은 우리에게 "내가 너를 징계하는 것은 네가 내 자녀이기 때문이다. 너의 행위는 잘못된 것이다. 하지만 내가 너를 정죄하지 않는 것은 네가 내 것이기 때문이다. 다만 나는 너의 장래를 위해 너를 징계한다"라고 말씀하신다. 다윗도 "여호와께서는 긍휼이 심히 크시니 내가 그의 손에 빠지고 사람의 손에 빠지지 않기를 원하나이다"(대상 21:13)라고 말했다.

나는 다윗의 말에 전적으로 동의한다. 하지만 하나님이 어떻게 행하시는가를 많이 겪어본 나로서는 가능하다면 하나님의 손에도 빠지지 않기를 바란다. 내가 잘못된 길로 가지 않고 하나님의 뜻에 따른다면 하나님이 채찍을 드실 필요도 없을 것이다. 고집 센 노새에게는 채찍이 필요할 것이다. 거칠고 까부는 말은 재갈과 고삐를 사용하여 통제해야 한다. 훈련이 잘된 동물은 발로 차거나 채찍으로 때릴 필요가 없다. 잘 길들여진 짐승처럼 유순한 그리스도인들은 하나님께서 귀에 대고 속삭이기만 하셔도 순종한다. 그들은 양심과 행위를 늘 깨끗하게 유지한다. 설사 옳지 못한 생각을 한다 해도 그들은 하나님 앞에서 슬퍼하고 회개하여 어린양의 보혈로 씻음을 받는다. 하나님은 이런 사람들에게 채찍을 드실 필요가 없다.

SUCCESS AND THE CHRISTIAN

3부

하늘 성공자의 생활원칙은 무엇인가?

A.W. TOZER

주님을 위해 조금이라도 고난을 당하는 법을 배워라. 악한 세력들이 우리 그리스도인들을 서서히 잠식(蠶食)해 들어오는 이유가 무엇인지 아는가? 그것은 우리가 안락을 너무 좋아하기 때문이다. 우리는 안락 대신 승리를 추구해야 한다. 모든 것을 주님께 바치고, 모든 것을 하나님의 뜻에 따라 행하라.

07
마음속에 있는 재앙의 씨앗을 제거한다

재앙의 씨앗의 본질이 바뀌는 것은 아니기 때문에 당신에게는 '정결케 하는 불'이 필요하며, 진리의 빛이 오셔서 당신의 영혼 구석까지 빛을 비추셔야 하며, 물 같은 성령이 임하사 당신을 온전히 씻으셔야 한다.

인류를 떨게 하는 재앙들

"만일 이 땅에 기근이나 온역이 있거나 곡식이 시들거나 깜부기가 나거나 메뚜기나 황충이 나거나 적국(敵國)이 와서 성읍을 에워싸거나 무슨 '재앙'이나 무슨 질병이 있든지 무론하고 한 사람이나 혹 주의 온 백성 이스라엘이 다 각각 자기의 마음에 '재앙'을 깨닫고 이 전(殿)을 향하여 손을 펴고 무슨 기도나 무슨 간구를 하거든 주는 계신 곳 하늘에서 들으시고 사유하시며 각 사람의 마음을 아시오니 그 모든 행위대로 행하사 갚으시옵소서 주만 홀로 인생의 마음을 다 아심이니이다 그리하시면 저희가 주께서 우리 열조에게 주신 땅에서 사는 동안에 항상 주를 경외하리이다"(왕상 8:37-40).

'재앙'이라는 단어는 우리가 두려워하는 단어들 중 하나이다. 태고(太古)부터 세상은 '재앙'이라는 말을 들을 때마다 두려움에 떨었다. '곡식이 시드는 것'이나 '깜부기가 나는 것' 같은 비교적 약한 재앙도 자연에게 큰 피해를 입혔다. 내가 어린 시절을 보냈던 펜실베이니아의 산지(山地)에는 도처에 밤나무들이 널려 있었다. 밤나무 묘목도 많았고, 다 자라서 우람한 자태를 뽐내는 밤나무들도 많았다. 매년 가을이 되어 첫눈이 내릴 즈음이면 다람쥐들이 밤나무에 올라가 잘 익은 밤을 쳐서 떨어뜨렸다. 그러면 시골 아이들이 바구니를 들고 나가서 밤들을 주워 모아 집으로 가져왔다. 부탁도 하지 않았는데 다람쥐들이 수고한 덕택에 그들은 잘 익은 밤을 즐길 수 있었다. 다람쥐들이 없는 곳에서는 그들이 직접 큰 돌을 이용하여 밤을 쳐서 떨어뜨린 후 가시투성이의 껍질을 제거하고 밤알을 꺼냈다. 그러던 어느 해 충해(蟲害)가 펜실베이니아 주(州)에 닥치더니 밤나무들이 모두 죽었다. 나는 본래 숫자를 기억하는 데 정말 재주가 없는 사람이다. 하지만 나 같은 사람도 그렇게 큰 주(州)의 숲과 들판을 아름답게 뒤덮었던 무수한 밤나무들 중 겨우 17그루만이 살아 남았다는 말을 들은 것이 잊혀지지 않는다.

시카고에는 느릅나무들이 많이 자란다. 이것들은 키가 크고 위엄 있게 보이는데, 그 가지들이 큰 곡선을 그리며 뻗어나간다. 이것들을 도로 양쪽에 가로수로 심으면, 불과 2, 3년 후에는 도로 양쪽 나무들의 꼭대기가 서로 맞닿을 정도로 커진다. 이런 도로에서 차를 몰고 달리면 마치 큰 예배당의 중앙 복도를 지나가는 것 같은 기분이 든다. 그러나 이런 느릅나무들에 재앙이 닥쳤다. 정부가 이 재앙을 막아보려고 무진 애를 쓰지만, 느릅나무들은 죽어간다. 이 재앙을 막을 수 있는 과학적인 방법이 발견되지 않는다면, 얼마 못 가서 그토록 나무가 많던 시카고가 삭막한 지역으로 전락할 것이다.

그래도 이런 재앙은 아주 약한 것들이다. 14세기에 아시아와 유럽을 휩쓴 흑사병 같은 재앙이 인간에게 닥칠 수도 있다. 당시 인구의 25퍼센트가 이 병으로 죽었다고 한다. 항생제를 비롯한 다양한 의약이 발달한 지금도 '흑사병'이라는 말은 수많은 사람들을 두려움에 떨게 만든다.

성경에서 나병은 재앙으로 취급된다. 구약 시대로 돌아가보자. 여기에 아주 평범한 한 남자가 있다. 그는 지극히 정상적으로 생활한다. 아침에 일어나 일터로 나가서 열심히 일하고 저녁에 집으로 돌아온다. 그가 집으로 들어설 때 아이들이 반갑게 뛰어가 그를 붙잡는다. 그들은 모두 즐겁게 웃는다. 그러나 어느 날 그의 손등에 무엇인가 알 수 없는 것이 생긴다. '벌레가 문 것이겠지'라고 생각하고 넘어간다. 그러나 그것은 며칠, 몇 달이 가도 없어지지 않는다. 그는 아내에게 말하지 않고 제사장에게 간다. 제사장은 그것을 검사하고 7일 후에 "이것은 나병이오"라고 최종 판단을 내린다.

이런 끔찍한 일이 이 사람에게 얼마나 충격을 주었을지를 생각해보라. 사람들은 자기가 암에 걸린 것이 아닌가 하면서도 병원에 가기를 싫어한다. 그 이유는 무엇인가? 자기의 육체에 끔찍한 재앙이 닥쳤다는 말을 듣고 싶지 않기 때문이다. 그러나 나병이나 암이 인간에게 닥칠 수 있는 최악의 재앙은 아니다. 이런 것들은 인간의 육체에 생기는 재앙이다. 이와는 달리 인간의 마음에 생기는 재앙이 있다. 이것은 육체의 재앙보다 더 무서운 것이다. 이것은 인간의 마음속에 있는 재앙의 씨앗에서 비롯된다.

성령님 안에서 솔로몬은 "모든 자들이 자기 마음속의 재앙의 씨앗을 알게 하소서"라고 기도한다. 우리에게 문제가 되는 것은 육체적 재앙의 씨앗이 아니라 마음속의 재앙의 씨앗이다. 이것은 육체적 재앙의 씨앗보다 더 깊은 곳에 자리 잡고 있다. 이것은 우리가 영원히 가지고 살아야 할 우리의 영혼 안에 있다.

마음속의 재앙의 씨앗

마음속의 재앙의 씨앗은 사탄보다 더 위험스럽다. 왜냐하면 사람의 마음속에 재앙의 씨앗이 없다면 사탄은 결코 사람에게 해를 끼칠 수 없기 때문이다. 사람의 마음속에 생긴 재앙의 씨앗은 사탄을 불러들인다. 다시 말해서 사탄은 재앙의 씨앗을 통해 사람

> 사람의 마음속에 생긴 재앙의 씨앗은 사탄을 불러들인다.

의 마음에 들어온다. 예수님은 "이 세상 임금이 오겠음이라 그러나 저는 내게 관계할 것이 없으니"(요 14:30)라고 말씀하셨다. 사탄은 예수님에게 아무 영향을 끼칠 수 없는 존재이다. 하지만 그가 인간들에게는 영향을 끼친다. 그가 베드로에게 접근하였을 때 베드로 안에 두려움이 있는 것을 알았다. 그가 가룟 유다에게 접근하였을 때 유다에게 탐욕이 있음을 보았다. 그는 이 두 사람 안에 있는 재앙의 씨앗을 이용하여 한 사람을 멸망시켰고, 다른 한 사람을 거의 멸망시킬 뻔하였다. 사탄은 인간에게서 그의 활동의 교두보(橋頭堡)를 찾아 인간을 파괴하는데, 사람 안의 재앙의 씨앗이 바로 그 교두보이다. 그러므로 사람 안의 재앙의 씨앗은 너무나 위험한 것이다. 육체적 질병, 전쟁, 천재지변, 원자폭탄보다 더 위험하다.

마음속의 재앙의 씨앗은 사람 전체를 파괴할 수 있다. 원자탄은 사람을 순식간에 가루로 만들어 죽일 수 있지만, 사람의 영혼을 죽일 수는 없다. 하지만 재앙의 씨앗은 이미 사람의 영

혼 안에 있는 것이기 때문에 그의 영혼을 죽일 수 있다.

재앙의 씨앗이 무서운 다른 이유는 그것이 좀처럼 발견되지 않는다는 점이다. 이것은 표범과 같다. 표범은 보호색을 이용하여 자기를 감추면서 우리에게 살금살금 접근한다. 우리는 아무런 낌새도 알아채지 못한 채 순식간에 표범에게 당할 수 있다. 재앙의 씨앗은 또한 독사와 같다. 이것은 에덴동산의 풀밭에 수없이 많은 새끼를 낳는다. 얼마 후 평화롭던 에덴동산에 갑자기 독사들이 우글거리기 시작한다.

재앙의 씨앗이 무서운 또 다른 이유는 사람들이 그것의 존재를 인정하기를 싫어한다는 점이다. 그것의 존재를 인정하면 수치심과 두려움을 느낄 수 있기 때문에 극소수의 사람들만이 그것을 인정할 수 있는 용기를 갖고 있다. 부흥회 때에 강사가 "몸이 불편한 사람들은 앞으로 나오십시오"라고 말하면, 많은 사람들이 앞으로 나간다. 하지만 만일 그가 "마음속에 재앙의 씨앗이 있는 사람은 앞으로 나오십시오"라고 말하면, 사람들은 별로 나가지 않을 것이다. 그 이유는 무엇인가? 육체의 질병보다 마음속의 재앙의 씨앗이 더 부끄럽다고 느끼기 때문이다.

마음속의 재앙의 씨앗에 대해 듣기 좋아하는 사람은 없다. 사람들은 오락을 즐기고 재미있는 이야기를 듣고 번지르르한 말로 위로받기를 원하지, 마음속의 재앙의 씨앗에 대한 이야기를 원하지는 않는다. 자신의 마음속에 재앙의 씨앗이 있다는 사실을 아는 사람들은 거의 없다. 그러나 우리가 이 사실을 깨달을 때까지, 다시 말해 성령님이 이 사실을 분명히 깨닫게 도와주실 때까지는 우리에게 아무 소망이 없다.

성경말씀은 우리가 "자기의 마음에 재앙을 깨닫고 이 전을 향하여 손을 펴고 무슨 기도나 무슨 간구를 하거든"(왕상 8:38) 구원을 얻을 것이라고 분명히 가르친다. 이 말씀에서 중요한 말은 "깨닫고"라는 말이다. 깨달음이 없다면 손을 펼 수도, 기도나 간구를 할 수도 없다. 구원을 얻으려면 깨달아야 한다. 자기가 병들었다고 믿지 않는 사람은 의사를 찾지 않을 것이다.

마음속의 재앙의 씨앗에서 건짐을 받으려면 그것의 존재를 먼저 알아야 하는데, 그것을 아는 것은 결코 쉽지 않다. X선 촬영이나 심리학자의 심리 검사로도 알기 힘들다. 그야말로 속수무책이다. 재앙의 씨앗은 사람의 본성 깊은 곳에 자리 잡고 있기 때문에 찾아내기가 무척 어렵다. 아무도 당신을 도울 수 없고, 당신 스스로 어떻게 해 볼 도리도 없다. 당신의 마음속에 재앙의 씨앗이 뿌려지면, 그것은 당신 안에서 배양(培養)의 과정을 밟는다. 처음에는 크지 않다가 시간이 흐름에 따라 점점 커질 것이며, 결국 혈관을 타고 온 몸으로 퍼질 것이다. 그것이 사람들에게 어떤 결과들을 초래했는지를 살펴보자.

하나님 한 분 외에는 그 어느 것도 아무 도움이 안 된다. 과거의 성도들은 하나님의 도움을 가리켜 '하나님의 용서의 사랑으로 깨끗하게 되는 것'이라고 표현했다. 나는 이 표현이 좋다. 또한 그들은 '도덕적 무죄 상태의 회복'이라는 표현도 사용했다. 당신은 죄를 범했다. 하지만 완전히 깨끗이 씻김을 받았기 때문에 마치 죄를 짓지 않은 것과 똑같다. 당신은 자신이 범죄했다는 것을 알고, 과거의 모든 잘못을 뉘우친다. 그러나 하나님의 용서는 완전하기 때문에 당신은 과거가 없는 인간처럼, 즉 갓 태어난 아기처럼 된다. 하나님의 용서의 사랑과 그리스도의 보혈의 정결케 하는 능력은 이토록 놀라운 것이다. 그러나 커다란 위험이 우리 앞에 도사리고 있는데, 그것은 우리에게 재앙의 씨앗이 있다는 것을 우리가 알지 못한다는 것이다. 이 재앙의 씨앗이 사람들에게 어떤 영향을 미쳤는지를 보자.

재앙의 씨앗이 초래한 결과들

가인의 경우를 살펴보자(창 4:1-11). 당신은 가인이 철두철미 악한 사람이었다고 생각하는가? 아담과 하와는 그렇게 생각하지 않았을 것이다. 그들은 그들의 자식 중에 살인자가 생길 것이라고 믿지 않았을 것이다. 사실, 가인이 아벨을 죽이기 전까지만 해도 살인이 일어날 것이라는 징후는 조금도 보이지 않았다. 당신은 어떻게 생각하는가? 가인이 그의 동생 아벨을 평소에도 철저히 괴롭혔다고 생각하는가? 나는 그렇지 않았을 것이라고 믿는다. 아마 가인도 아벨을 데리고 이곳저곳으로 놀러 다녔을 것이고, 서로 나란히 누워서 잠을 잤을 것이며, 그에게 심심풀이용 장난감을 주었을 것이다. 가인도 다른 사람들과 마찬가지로 인지상정의 감정을 가지고 주변 사람들을 대했을 것이다. 그러나 결정적으로 그의 마음속에 재앙의 씨앗이 뿌려져 있었으며, 이것이 자라서 그를 살인자로 만들어버렸다. 요한은 그에 대해 "가인같이 하지 말라 저는 악한 자에게 속하여 그 아우를 죽였으니 어찐 연고로 죽였느뇨 자기의 행위는 악하고 그 아우의 행위는 의로움이니라"(요일 3:12)라고 말한다.

가인은 의로운 아우 아벨을 시기했다. 이것이 그의 마음속의 재앙의 씨앗이었다. 시기심에 사로잡힌 가인은 그의 아우 아벨에게 "들로 나가자"라고 달했으며, 두 사람은 들로 나갔다(창 4:8). 그러나 한 사람만 돌아오고 다른 한 사람은 풀숲 아래 묻혔다. 땅이 그 입을 벌려 아벨의 피를 받았으며, 그 피는 재앙의 씨앗을 마음속에 가진 사람을 처벌해달라고 하나님께 호소했다(창 4:10,11).

구약의 여호수아서 7장에는 재앙의 씨앗을 가진 또 다른 사람의 이야기가 나온다. 그의 이름은 아간이다. 그는 "시날 산의 아름다운 외투 한 벌과 은 이백 세겔과 오십 세겔 중의 금덩이 하나"(수 7:21)를 탐내어 숨겼다. 그의 겉모습만 본 사람들은 그가 그런 끔찍한 죄를 범하리라고는 상상도 하지 못했을 것이다. 만일 그가 우범자이거나 평소에 비행을 일삼는 사람이었다면, 사람들은 도둑을 가려내기 위해 그토록 수고할 필요가 없었을 것이다.

어쩌면 아간은 주변 사람들에게 평판이 좋은 사람이었을지도 모른다. 문제는 그 자신도 모르는 사이에 그의 마음속에서 재앙의 씨앗이 자라고 있었다는 것이다. 그 씨앗이 땅을 뚫고 나왔을 때 그는 탐욕에 사로잡혀 물건들을 숨김으로써 하나님께 범죄했다. 그의 범죄 때문에 이스라엘은 전쟁에서 패했으며, 하나님은 "재앙의 씨앗을 가진 자를 찾아내어 제거하라. 그리하면 평안하리라"라고 말씀하셨다. 이스라엘 백성들은 하나님의 말씀대로 실행했다.

아간은 자기의 도둑질 때문에 자기와 자기의 가족이 죽임을 당할 것이라고 예상했을까? 내가 볼 때, 절대 그렇지 않았을 것이다. 사람들이 그와 그의 가족을 돌로 치려고 할 때 그의 얼굴이 백지장처럼 창백해졌을 것이다. 추측하건대, 돌들이 날아오는 순간 그는 아내를 감싸며 "나를 용서할 수 있겠소? 나는 가족에게 해를 끼치려는 마음이 조금도 없었소. 나는 금(金)을 원했을 뿐이오"라고 말하지 않았을까? 아무튼 그들이 결국 어떻게 되었는지는 성경에 분명히 기록되어 있다.

"온 이스라엘이 그를 돌로 치고 그것들도 돌로 치고 불사르고 그 위에 돌무더기를 크게 쌓았더니"(수 7:25,26).

그들은 아골 골짜기에 묻혔으며, 그곳에 돌무더기가 생겼다. 이 돌무더기는 무엇을 말하는가? 마음속의 재앙의 씨앗을 제거하지 않는 자의 운명이 어떻게 되는지를 보여주는 것이 아니겠는가?

재앙의 씨앗에 희생된 하나님의 사람

마음속에 재앙의 씨앗을 가진 자의 또 다른 예는 헤롯이다. 우선, 그에 관한 성경의 기록을 읽어보자.

"전에 헤롯이 자기가 동생 빌립의 아내 헤로디아에게 장가든 고로 이 여자를 위하여 사람을 보내어 요한을 잡아 옥에 가두었으니 이는 요한이 헤롯에게 말하되 동생의 아내를 취한 것이 옳지 않다 하였음이라 헤로디아가 요한을 원수로 여겨 죽이고자 하였으되 하지 못한 것은 헤롯이 요한을 의롭고 거룩한 사람으로 알고 두려워하여 보호하며 또 그의 말을 들을 때에 크게 번민을 느끼면서도 달게 들음이라"(막 6:17-20).

그는 세례요한의 말을 들을 때에 "크게 번민을 느끼면서도 달게 들었다." 이것을 볼 때 그가 양심이 완전히 마비된 극악무도한 사람은 아니었던 것으로 추정된다. 그러나 요한이 옥에 갇혀 있을 때에 그의 마음속의 재앙의 씨앗이 고개를 들 기회가 찾아왔다.

어느 날 저녁 헤롯은 많은 사람들을 모아놓고 잔치를 베풀었다. 헤로디아의 딸이 요염한 모습으로 잔치에 나타나 그를 위해 춤을 추었다. 그녀는 그를 기쁘게 해주기 위해 자기의 권력을 모두 이용했을 것이며, 그의 눈이 그녀에게서 떨어지지 않았을 것이다. 그녀는 봄바람에 흐느적거리는 수양버들처럼 몸을 놀리며 그에게 추파를 던졌을 것이다. 그는 그녀를 불러서 "무엇이든지 네가 원하는 것을 내게 구하라 내가 주리라"라고 말했다. 그녀는 "어머니에게 물어볼게요"라고 대답한 후 즉시 어머니에게 달려갔으며, 그녀의 어머니는 주저하지 않고 대답했다.

"세례요한의 머리를 소반에 담아달라고 해라!"

헤로디아의 딸은 자기 어머니의 지시대로 세례요한의 머리를 구했다. 이 부탁을 들은 헤롯은 심한 갈등을 느꼈으나, 많은 사람들 앞에서 맹세한 것을 번복할 수 없다고 판단했기 때문에 결국 그녀의 청을 들어주기로 마음먹었다. 그는 시위병 하나를 보내어 요한의 머리를 가져오라고 명했다. 시위병은 요한의 목을 베어 그 머리를 소반에 담아 그녀에게 주었고, 그녀는 그것을 그녀의 어머니에게 가져갔다.

이것이 세례요한의 죽음에 관한 성경의 기록이다. 여기서 우리는 한 가지 중요한 질문을 던지지 않을 수 없다. 헤롯은 자기가 세례요한을 죽일 것이라고 예상했었는가? 그가 처음부터 선지자를 죽이려는 의도를 가지고 있었는가? 나는 결코 그렇지 않았다고 믿는다. 처음에는 요한을 죽일 의도가 없었지만 욕정, 무분별함, 두려움, 체면, 자존심, 권력욕 등에 이끌리다가 결국 무서운 죄를 범하고 만 것이다.

요한을 죽인 후 헤롯은 틀림없이 극심한 두려움에 시달렸을 것이다. 왜냐하면 예수님이 큰 기적들을 행하신다는 소식을 들었을 때 그가 "이는 세례요한이 죽은 자 가운데서 살아났도다 그러므로 이런 능력이 그 속에서 운동하느니라… 내가 목 베인 요한 그가 살아났다"(막 6:14,16)라고 말했기 때문이다. 요한의 머리가 소반에 담긴 날부터 헤롯이 죽는 날까지 아마도 헤롯은 어두운 곳에 혼자 있을 때에는 요한의 머리가 자기를 향해 흰 이를 드러내고 있는 것을 보았을 것이다. 다시 말하지만, 헤롯이 처음부터 선지자를 죽일 의도를 갖고 있었던 것은 아니다. 다만 자기 안에 있는 재앙의 씨앗을 제대로 처리하지 않았기 때문에 무서운 죄를 범하고 만 것이다.

재앙의 씨앗 때문에 무서운 죄를 범한 사람이 또 있는데, 그의 이름은 아나니아였다(행 5:1-11). 그는 신앙 공동체에서 인정받기를 좋아했고, 또한 돈을 좋아했다. 그는 자기가 활수(滑手)한 사람이라는 인상을 주고 싶어 했으며, 또한 물질을 계속 소유하고 싶어 했다. 그러므로 그는 명예욕과 탐욕의 사람이었으며, 또한 거짓말쟁이요 속이는 자였다. 명예를 택하자니 재물이 아까웠고 재물을 택하자니 명예가 소중했다. 이런 진퇴양난에서 벗어나기 위한 그의 타개책은 끔찍하게도 하나님께 거짓말을 하는 것이었다.

　아나니아에게도 선한 것이 있었던 것이 분명하다. 그와 그의 아내는 성령님이 불꽃같이 임재하시는 도덕적인 초대교회의 그리스도인들과 어울릴 정도로 그 나름대로 도덕성을 갖추었다. 당신은 그가 치밀하지 못한 성격의 소유자였다고 생각하는가? 결코 그렇지 않다. 그의 성격이 치밀하지 못했다면, 절대 땅값의 일부를 감추지 않았을 것이다. 그는 용의주도한 성격의 소유자였다. 하지만 결정적으로 그의 마음속에는 재앙의 씨앗이 숨어 있었다. 이 씨앗이 땅을 뚫고 나왔을 때 그는 성령님께 거짓말을 했다.

　만일 베드로에게 분별력이 없었다면, 아나니아의 속임수가 발각되지 않았을 것이다. 아나니아는 계속 잘 살다가 늙어 죽었을 것이다. 어쩌면 그가 늙었을 때 교회는 그에게 "우리 주님을 위해 오랜 세월 충성한 것을 감사합니다"라고 적힌 표창장을 주었을지도 모른다. 그러나 성령님은 그를 꿰뚫어보셨다. 겉으로는 그가 충실한 교인이었으나, 속으로는 도둑이요 속이는 자였다. 그는 자기의 행위대로 벌을 받았다. 베드로의 책망을 듣자마자 그는 엎드러져 죽었으며, 그의 아내도 베드로의 질책을 듣는 즉시 혼이 떠났다.

찾아내기 힘든 재앙의 씨앗들

여기에 한 사람이 있다. 그는 열심히 일해서 자기 나름대로 큰일을 이룬다. 하지만 그는 자기의 마음 깊은 곳에 정욕(情慾)의 재앙이 독사처럼 도사리고 있는 것을 알지 못한다. 심지어 그의 업적이 널리 알려지기도 한다. 그러자 아무도 모르는 사이에 그의 마음에 교만이 싹튼다. 그리고 이 교만이 점점 커져서 결국 그를 죽인다. 그는 바로 헤롯이다. 이 사람은 세례요한을 죽인 헤롯과는 다른 사람이다(행 12:20-23). 그는 연설을 했고, 그의 연설을 들은 사람들은 "이것은 신의 소리요 사람의 소리는 아니라"(행 12:22)라고 말했다. 그러나 그가 영광을 하나님께 돌리지 않았을 때 주(主)의 사자가 그를 쳤고, 그는 충(蟲)이 먹어 죽었다. 그의 안에서 자란 '교만'이라는 재앙의 씨앗

> 하나님의 자녀는 분노를 품고 살아서는 안 된다. 그리스도인은 어떤 사람인가? 십자가를 지는 사람이 아닌가?

이 결국 그를 죽인 것이다.

우리의 마음속에서 자랄 수 있는 또 다른 재앙의 씨앗은 분노이다. 나는 분노를 품고 사는 사람들을 많이 만나보았다. 내가 오랫동안 알고 지낸 목회자 한 사람이 있는데, 그는 늘 분노를 품고 있다. 그 사람과 이야기를 나누면 20분을 넘기지 않아서 그에게 분노가 끓어오르는 것을 느낄 수 있다. 그는 다른 사람이 그에게 행한 일에 대해 분개한다. "이 교회가 내게 해를 끼쳤다", "저 목사가 나를 반대한다", "어떤 당회원이 나를 배신했다"와 같은 말들이 그에게서 거침없이 쏟아져 나온다. 그러나 하나님의 자녀는 분노를 품고 살아서는 안 된다. 그리스도인은 어떤 사람인가? 십자가를 지는 사람이 아닌가? 예수님은 십자가를 지면서도 불평하지 않으셨다.

은밀한 죄들도 우리의 마음속에 싹틀 수 있는 재앙의 씨앗이다. 이제 내가 조금씩 늙어가니까 사람들이 나를 편한 상대로 여겨서 내게 찾아와 그들의 사생활에 대해 털어놓는 일이 종종 생긴다. 그들은, 그들이 범했을 것이라고 내가 상상도 못한 일들을 고백하곤 한다. 물론 나 자신도 죄가 많은 사람이다. 내가 죄가 없기 때문에 이런 말을 하는 것은 아니다. 하지만 나는 여자들이 그렇게 죄를 많이 짓는지를 상상하지 못했다. 나는 여자들이 전부 나의 어머니 같을 것이라고 믿었다. 어머니는 나쁜 생각이나 나쁜 말을 하지 않으셨다. 비록 그리스도인이 아니었지만(어머니는 노년에 예수님을 영접하셨다) 그 분은 스토아학파(B.C. 3세기 초에 제논이 창시한 희랍 철학의 한 분파. 준엄한 도덕주의와 엄격한 의무의 준수를 주장했다)의 사람들처럼 도덕적인 삶을 사셨다. 이런 어머니를 보고 자란 내가 다른 여자들이 차마 입에 담기 부끄러운 죄들을 범한다는 것을 알았을 때 얼마나 충격을 받았겠는가! 아무튼 누구든 간에 이런 죄들을 제거하지 않는다면 결국 큰 재앙을 당할 것이다.

마음속 깊이 숨어 있는 원한도 재앙의 씨앗이다. 어떤 사람들은 다른 사람들을 용서하지 않는다. 그들이 말로는 "나는 그들을 용서했습니다"라고 말하지만, 행동으로는 그들을 피한다. 그들을 만나지 않고 피하는 것이 용서하지 않았다는 증거가 아니겠는가?

화를 잘 내는 성격도 재앙의 씨앗이다. 이런 성격을 조상 탓으로 돌리면서 핑계를 대지만, 이것이 재앙의 씨앗인 것은 분명하다. 내가 기억하는 한 사람이 있는데, 그는 매우 은혜로운 간증으로써 많은 사람들을 감동시켰으며, 그의 교단에서 지도적인 목회자의 위치에 오른 사람이었다. 하지만 어느 날 저녁 당회에서 그는 마치 노새 몰이꾼처럼 화를 냈으며, 그후 아무

> 성질을 부릴 대로 부리고도 아무 일도 없었다는 듯이 회개하지 않는 것은 있을 수 없는 일이다.

도 그를 목회자로서 공대하지 않게 되었다. 또 내가 보기에 아주 훌륭한 그리스도인이 있었다. 이 사람이 새 차를 구입했는데, 다른 차가 들이받아 그의 차의 범퍼를 찌그러뜨렸다. 그러자 그는 그 차의 운전자에게 불같이 화를 냈다. 그후 나는 그를 신뢰하지 않게 되었다.

어떤 사람이 불같이 화를 내고도 주님께 나아가 회개하지 않는다면 나는 그 사람을 신뢰하지 않는다. 당신은 방울뱀을 호주머니에 넣고 다닐 수 있는가? 그럴 수 없을 것이다. 마찬가지로, 다른 사람에게 버럭 화를 내고도 회개하지 않는다는 것은 있을 수 없는 일이다. 당신은 혀에 암이 생겼는데 그것을 그냥 내버려둘 수 있는가? 그럴 수 없을 것이다. 마찬가지로, 성질을 부릴 대로 부리고도 아무 일도 없었다는 듯이 회개하지 않는 것은 있을 수 없는 일이다. 그리스도인이 기도하고 간증하고 구제하고 봉사하다가도 어느 날 다른 사람에게 버럭 화를 낸다면 그후에는 아무도 그를 신뢰하지 않을 것이다.

우리의 마음속에서 자랄 수 있는 재앙의 또 다른 씨앗은 시기심과 질투심이다. 시기는 나에게 없는 것을 남이 가지고 있을 때 느낄 수 있는 불쾌한 감정이다. 질투는 내가 어떤 사람에게 관심이 있는데 그 사람은 내가 아닌 다른 사람에게 관심을 보일 때 느낄 수 있는 불쾌한 감정이다. 시기이든 질투이든 모두 우리 마음속의 재앙의 씨앗이다. 이 씨앗을 제거하지 않으면 큰 재앙을 당할 수 있다.

재앙의 씨앗을 제거하라

하나님은 재앙의 씨앗을 제거하실 수 있다. 하나님은 불과 피로써 그렇게 하신다. 오래전에 그리스도인들에게서 사라진 단어가 하나 있다. 그것은 '정화'(淨化)라는 단어이다. 지금 우리는 사람들에게 복을 얻기 위해 예배당으로 나아오라고 부르는 일에만 관심이 있다. 하지만 그들에게 가장 필요한 것은 정화이다. 정화는 말 그대로 '깨끗하게 씻는 것'이다. 예수님은 우리를 깨끗케 하시며, 우리 속에 있는 재앙의 씨앗을 제거하신다.

지금 내가 주장하는 것을 교리적으로 무엇이라고 불러야 할지 나도 모르겠다. 내가 근절주의자(根絶主義者)들에게 동의하지 않기 때문에 내 주장을 근절주의라고 부를 수 없다. 또한 내가 억제주의자(抑制主義者)들에게 동의하지 않기 때문에 내 주장을 억제주의라고 부를 수도 없다. 그러므로 나의 주장을 무슨 '주의'(主義)라고 부를 것이냐고 자꾸 묻지 말라. 내가 아는 것은, 피와 불이 우리의 더러운 것을 제거하여 우리를 깨끗케 한다는 것이다. 그렇게 될 때 우리의 영혼 안에서 재앙의 씨앗이 싹트는 일이 없을 것이다.

우리 세대가 신앙수련회 때 즐겨 불렀던 찬송을 떠올려 본다.

나의 구주께서 십자가에 달리사
그 귀한 피를 흘리셨나이다.
포로 된 자를 자유케 하는 피,
그 보혈의 능력은 영원합니다.

나의 주장에 무슨 교리적 명칭을 붙이든 당신이 알아서 하라. 다만 내가 하고 싶은 이야기는 우리에게 영적 성공과 승리의 삶이 가능하다는 것이다. 존 웨슬리(1703~1791. 영국의 신학자 및 전도자로서 감리교의 창시자)와 찰스 웨슬리(1707~1788. 영국의 유명한 찬송시 작가로서 그의 형 존 웨슬리와 함께 감리교 부흥에 기여했다)는 근절주의를 가르치지 않았다. 그들은 우리가 온전한 사랑으로 충만해질 수 있으며, 그렇게 될 때 우리 안의 악(惡)을 죽일 수 있다고 가르쳤다. 찰스 웨슬리의 찬송시를 들어보자.

주 예수님,
십자가에서 승리하신 주님의 사랑이
제 마음 깊은 곳까지 가득하게 하소서.
그리하시면 저의 발이 더 이상 방황하지 않고
주님의 사랑 안에 머물 것입니다.

주 예수님,
제 안에 거룩한 불이
활화산처럼 타오르게 하소서.
그리하시면 제 더러운 욕망의 찌꺼기들이
눈 녹듯이 녹아 없어질 것입니다.

비둘기 같은 영이시여,
제가 부르짖나니
천상의 평화로 저를 두르소서.
진리의 빛이시여,
제 영혼을 온전히 비추사
어두운 곳이 없게 하소서.

정화(淨化)의 영이시여,

이제 거룩한 불이 하늘에서 떨어져

제 모든 죄를 태우게 하소서.

물 같은 성령이시여,

제 영혼의 모든 부분을 씻으사

저를 온전히 거룩케 하소서.

재앙의 씨앗을 감싸 안는 세대

우리에게 필요한 것을 이렇게 정확히 표현할 수 있을까? 정화의 불이 하늘에서 떨어져 재앙의 씨앗을 태워 없애면 얼마나 좋겠는가! 어떤 사람들은 재앙의 씨앗을 죽이지 않고 오히려 감싸 안는다. 그들은 그것을 아주 완곡(婉曲)한 말로 표현한다. 예를 들면, 과거에는 "화를 낸다"라고 말했으나, 지금은 "신경과민에 빠졌다"라고 표현한다. 다른 사람들이 물질에 집착하면 "탐욕스럽다"라고 말하지만, 자신이 집착할 때에는 "미래에 대비한다"라고 표현한다. 그러나 이렇게 완곡한 표현들을 사용할지라도 재앙의 씨앗의 본질이 바뀌는 것은 아니다. 그러므로 당신에게는 여전히 '정결케 하는 불'이 필요하며, 진리의 빛이 오셔서 당신의 영혼 구석까지 빛을 비추셔야 하며, 물 같은 성령이 임하사 당신을 온전히 씻으셔야 한다.

언젠가 나는 신앙수련회에서 '정화(淨化)의 불'에 대해 설교했다. 참석자들 중에 한 젊은 여자가 있었는데, 나는 아직도 그녀의 얼굴이 잊혀지지 않는다. 그녀가 하나님 앞에 무릎을 꿇었을

> 다른 사람들이 물질에 집착하면 "탐욕스럽다"라고 말하지만, 자신이 집착할 때에는 "미래에 대비한다"라고 표현한다.

때 하나님은 그녀가 원하는 것을 그녀에게 주셨으며, 그녀가 부끄러워하는 것을 제거해주셨다. 그녀는 기쁨이 충만한 얼굴로 자리에서 벌떡 일어났다. 그녀는 시아버지와 다툰 상태에서 그 집회에 참석했었는데, 참석자들 중에서 시아버지를 찾아내어 끌어안았다. 그리고 나를 불렀다. 내가 그녀에게 다가가는 중에 그녀는 "내게도 이런 일이 일어날 줄 몰랐다"라고 계속 중얼거렸다. 이런 일이라니? 도대체 무슨 일이 일어났다는 것인가? 이것을 무엇이라고 불러야 할지를 놓고 교리적인 논쟁을 벌이자면 쓸데없는 분열만 일어날 것이다. 그러므로 단순하게 표현하겠다. 정화(淨化)의 불이 그녀를 태운 것이요, 진리의 빛이 그녀의 영혼을 비춘 것이요, 하나님의 생명이 그녀에게 충만히 임한 것이요, 거룩한 영이 그녀의 모든 것을 거룩하게 만든 것이었다. 그녀는 너무 좋아서 펄쩍펄쩍 뛰면서 '내게도 이런 일이 일어날 줄 몰랐다'라고 외쳤다.

나는 불같이 화를 내는 성격의 소유자였다. 어느 정도였느냐

하면, 어떤 때에는 머리끝까지 치밀어 오른 분노 때문에 앓아 누운 적도 있었다. 나는 내 아버지가 격노한 것을 보았다. 너무나 화가 난 그 분은 따라오지 않겠다고 버티는 말을 강제로 끌어당겼으며, 재갈 때문에 말의 입에서 피가 날 뻔했다. 어떤 때에는 이성을 잃을 정도로 화가 나서 삽으로 외바퀴 손수레를 마구 두들겨 패기도 하셨다. 그 분은 60세가 되기 전에는 자신에게 재앙의 씨앗이 있는 줄을 모르셨다. 그 분은 60세에 회심하고 64세에 돌아가셨다. 이 세상을 떠나기 전에 4년 동안 하나님과 동행하셨던 것이다. 나도 아버지의 성격을 물려받아 불같이 화를 내곤 했지만, 예수님의 보혈과 성령의 불이 나를 변화시켰다.

하나님은 우리를 재앙에서 건지실 수 있다. 그 방법은 재앙의 씨앗을 죽이는 것이다. 프랜시스 리들리 해버갈(Frances Ridley Havergal, 1836~1879. 영국의 찬송시 작가)은 "'그리스도의 보혈이 모든 죄를 씻어주신다' 라는 진리를 성령님이 내게 깨닫게 해주셨을 때… 바로 그때 정화의 불이 내게 임했다"라고 간증했다.

08
영적 소아를 버리고
그리스도의 대의를 따른다

성령님은 "항상 도의 초보를 가르쳐주어야 하는 어린아이가 되지 않도록 하나님 안에서 성장하라. 강한 그리스도인이 돼라. 세상에서 고난을 받고, 제 십자가를 지는 법을 배워라"라고 말씀하신다.

도(道)의 초보

당신은 당신의 말을 도저히 알아듣지 못하는 사람을 이해시키려고 애쓴 적이 있는가? 당신은 자리에서 일어나 그에게 열변을 토했는데 그가 고개를 가로저으며 "이해가 되지 않는데요"라고 말했다면, 당신은 가슴을 치며 "도대체 이 사람은 이 세상에 태어나서 '이해가 되지 않는데요'라는 말만 배웠나?"라고 속으로 생각했을지도 모른다.

"우리가 할 말이 많으나 너희의 듣는 것이 둔하므로 해석하기 어려우니라"(히 5:11)라는 말씀에서 히브리서 기자는 "우리가 할 말이 많은데 너희가 우리의 말을 알아듣지 못하니 참으

3부 하늘 성공자의 생활원칙은 무엇인가? 173

로 답답하다"라고 푸념하는 듯하다. 그의 말을 마저 살펴보자.

"때가 오래므로 너희가 마땅히 선생이 될 터인데 너희가 다시 하나님의 말씀의 초보가 무엇인지 누구에게 가르침을 받아야 할 것이니 젖이나 먹고 단단한 식물(食物)을 못 먹을 자가 되었도다"(히 5:12).

이 말씀에서 나는 특히 "너희가… 젖이나 먹고 단단한 식물을 못 먹을 자가 되었도다"라는 말씀에 주목하고 싶다. 이 말씀에 의하면, 그들은 '젖이나 먹고 단단한 식물을 못 먹을 자'의 수준을 이미 탈피했다가 안타깝게도 다시 그 수준으로 떨어졌다는 것이다. 즉, 그들은 어느 정도 성장했다가 뒷걸음쳐서 다시 어린아이 같은 상태로 돌아갔다는 말이다. 이에 대해 히브리서 기자는 이렇게 설명한다.

"대저 젖을 먹는 자마다 어린아이니 의(義)의 말씀을 경험하지 못한 자요 단단한 식물은 장성한 자의 것이니 저희는 지각을 사용하므로 연단을 받아 선악을 분변하는 자들이니라"(히 5:13,14).

계속해서 히브리서 기자의 말을 살펴보자.

"그러므로 우리가 그리스도 도(道)의 초보를 버리고 죽은 행실을 회개함과 하나님께 대한 신앙과 세례들과 안수와 죽은 자의 부활과 영원한 심판에 관한 교훈의 터를 다시 닦지 말고 완전한 데 나아갈지니라"(히 6:1,2).

도의 초보를 버린다는 것은 무슨 뜻인가? 우선, 여기서 '도의 초보'는 기독교의 기본 진리들을 의미한다. 그렇다면 기독교 신앙을 포기하라는 말인가? 물론 그런 뜻이 아니다. 여기서 '버린다'는 말은 쓸모없는 물건을 내버린다는 말이 아니라 '그대로 내버려둔다'는 말이다. 즉, 도의 초보를 포기하라는 말이 아니라, 그것을 그대로 내버려두라는 말이다. 기독교의 기본 진리들을 가지고 더 이상 왈가왈부(曰可曰否)하지 말라는 뜻이다. 건물의 기초를 놓은 건축자가 그 위에 계속 집을 짓듯이 기독교의 기본 진리들 위에 계속 신앙의 집을 지으라는 말이다. 건축자가 기초를 놓았다가 부수기를 자꾸 반복하면 어떻게 집을 짓겠는가?

이제까지 말한 것을 정리해보겠다. "그러므로 우리가 그리스도 도의 초보를 버리고"라는 말을 이해하기 위해서는 히브리서 6장 1,2절을 정확히 이해할 필요가 있다. 우리는 1절 전반부에 나오는 "도의 초보를 버리고"라는 표현을 2절의 끝부분에 나오는 "완전한 데 나아갈지니라"로 연결시켜서 읽어야 한다. 즉, "도의 초보를 버리고 완전한 데 나아갈지니라"라고 읽어야 한다. 풀어서 말하자면, "기독교의 기본 진리들을 그대로 내버려두고, 즉 그것들에 대해 더 이상 왈가왈부하지 말고, 그 기초 위에서 완전함을 향해 전진하라"는 말이다.

그렇다면 우리가 그대로 내버려두어야 할 '도의 초보'는 무엇인가? 히브리서 기자는 수신인들의 이해를 돕기 위해 그것을 분명히 밝힌다. 죽은 행실을 회개함, 하나님을 믿는 신앙, 세례와 안수와 죽은 자의 부활과 영원한 심판에 관한 교훈이 그가 말하는 '도의 초보'이다. 건축자가 기초를 부수지 않고 그대로 내버려둔 채 그 위에 건물을 높이 올리듯이 우리는 이 '도의 초보'를 그대로 내버려둔 채 그 위에 우리의 신앙의 집을 지어야 한다. 그렇기 때문에 히브리서 기자는 "터를 다시 닦지 말라"라고 말하는 것이다. 터를 닦는 일을 자꾸 반복하면 언제까지나 터만 닦다가 끝날 것이다.

히브리서 수신인들의 문제는 무엇이었나? 그들의 문제는 기초를 놓은 다음 더 이상 그 위에 다른 것들을 세우지 않은 것이다. 이것은 오늘날의 복음주의자들의 문제이기도 하다. 그들이 자유주의자들처럼 '도의 초보'를 포기한 것은 아니다. 그러나 '도의 초보'에 머무는 것으로 만족한다. 오늘날 평균적 수준의 교회들은 '도의 초보'에 머물러 있다. 히브리서 기자는 우리가 그 상태에 있기 때문에 평생 어린아이의 신앙 수준에 머무는 것이라고 지적한다.

어린아이로 머물기

우선 '어린아이'의 비유부터 살펴보자. 어린아이의 상태에 그대로 머무는 것은 어떤 것일까? 그것은 성장이 멈추어 어린아이의 특징들을 그대로 갖고 있는 것을 의미한다. 어린아이가 어린아이의 특징들을 가지고 있다면, 그것은 귀엽고 사랑스러운 것이다. 하지만 20세나 그 이상이 되어서도 계속 그런 특징들을 가지고 있다면, 참으로 끔찍한 일이다. 어린아이의 특징들을 구체적으로 살펴보자.

첫째, 어린아이는 한 가지 일에 오랫동안 집중하지 못한다.

어린아이는 어떤 일이든지 금방 싫증을 낸다. 어떤 물건을 보면 그것을 달라고 소리 지르고 난리를 치다가 막상 그것을 손에 쥐면 조금 후에 던져버리고 다른 것을 달라고 아우성친다. 어린아이는 본래 이렇고, 사실 이것은 하나님께서 정하신 것이다. 그러나 하나님은 그 아이의 아버지나 어머니, 심지어 일곱 살짜리 누나가 그 아이처럼 행동하도록 정하지는 않으셨다.

성인이 어린아이처럼 행동한다면 참으로 딱한 일이다. 그런데 이런 딱한 일이 그리스도인들에게서 일어나고 있다. 그들은 처음에 신앙을 가지고 그리스도인이 되지만, 얼마 후에 성장을 멈춘다. 그들은 영적 훈련을 지속적으로 하지 못한다. 기도도

짧게 끝내고, 묵상은 엄두도 못 낸다. 묵상은 토마스 아퀴나스 같은 위대한 신학자들이나 하는 것이라고 생각한다. 성경도 많이 읽지 않는다. 훈련과 성숙이 요구되는 것이라면 무엇이든지 제대로 할 줄 모른다.

> 대부분의 교회들은 한 개의 학년만 있는 학교와 같다. 그 한 학년도 1학년이다. 교인들은 2학년으로 올라갈 생각을 하지 않는다.

둘째, 어린아이는 간단한 것, 초보적인 것에 강한 흥미를 보인다.

어린아이에게 냉전(冷戰)이니 실존주의니 하는 이야기를 할 수 있겠는가? 어림없는 일이다. 장난감 몇 개를 주면 아이는 만족한다. 배가 부르고 몸이 따뜻하면 그만이다. 소리를 지를 때 엄마가 즉시 달려오기만 한다면 더 이상 걱정할 것이 없다. 그 밖의 다른 것에는 신경을 쓰지 않는다.

오랜 세월 교회를 다녔지만, 영적 성장에는 관심이 없는 그리스도인들이 많다. 그들은 초보적인 것들에만 관심이 있다. 학교에 비유하자면, 대부분의 교회들은 한 개의 학년만 있는 학교와 같다. 그 한 학년도 1학년이다. 교인들은 2학년으로 올라갈 생각을 하지 않는다. 어떤 사람이 나타나서 그들을 2학년으로 진급시키려고 한다면, 그의 말을 듣지 않는다. 목회자가 그들을 2학년으로 끌어올리기 위해 숙제를 내주면, 그들은 하나님께서 그 목회자를 다른 교회로 보내시기를 위해 기도하기 시작한다. 목회자는 그들이 2학년으로 올라갈 수 있도록 훈련시키려고 무척 애를 쓰지만, 그들은 오직 1학년에 머물기를 고집할 뿐이다. 그들은 1학년이 되기 위해 태어난 자들 같다. 히브리서 기자에 의하면, 그들 중 어떤 사람들이 2학년으로 올라갔다가 "2학년은 너무 힘들다"라고 판단하고는 다시 1학년으로 내려갔다는 것이다. 어쩌면 히브리서의 수신인들 사이에서는 이런 대화가 유행했을 것이다.

"여보게, 자네는 1학년에 몇 년 동안 있었나?"

"12년 있었네."

당신은 똑같은 진리, 똑같은 교리를 도대체 몇 년 동안 들었는가? "구원의 확신이 있습니까? 천국에 들어가기 위해서는 거듭나야 합니다. 즉음 후에는 심판이 있습니다"라는 기본적 진리를 몇 번 들었는가? 물론 이런 기본적 진리를 포기하라는 말이 아니다. 다만 언제까지나 그것에 머물지는 말라는 말이다. 그것을 토대로 하여 더욱 전진하라는 말이다. 하지만 현실은 어떤가? 대부분의 그리스도인들은 1학년에 머물러 있다. 그들이 보기에 성경은 오직 1학년만을 위한 책이다. 그들은 2학년 이상의 내용이 성경에 나오지 않는다고 믿는다. 어디 성경뿐인가? 성경공부 세미나, 수련회, 부흥회에서도 오직 1학년의 내용만을 언급한다. 2학년 이상의 내용을 다루지 않는다. 그러나 바울은 "오직 한 일 즉 뒤에 있는 것은 잊어버리고 앞에 있는 것을 잡으려고 푯대를 향하여… 좇아가노라"(빌 3:13,14)라고 말한다. 그는 1학년에 머물기를 거부한 사람이었다.

셋째, 어린아이는 '놀이'를 아주 좋아한다.

아이들은 재미있게 해주면 최고라고 생각한다. 종종 버스를 타고 다닐 때 나는 앞자리에 앉은, 엄마에게 안겨서 엄마의 어깨 너머로 나를 쳐다보는 아이와 장난치기를 좋아한다. 아이의 엄마가 고개를 돌려서 나를 쳐다보면 나는 아주 점잖게 가만히 앉아 있다. 하지만 아이의 엄마가 앞을 보고 있으면 나는 아이의 주의를 끌기 위해 이런저런 표정을 짓거나 손가락들 사이로 그 애를 쳐다본다. 그러면 그 아이는 영락없이 반응을 보인다. 얼마 동안 그 애와 나의 장난이 계속되다가 대개의 경우 결국에는 그 애의 엄마가 그 애의 행동을 눈치 채고 그를 밑으로 끌어내림으로써 우리의 장난이 끝나게 된다. 아마 그 엄마는 속으로 '뒷좌석에 앉은 저 나이 많은 사람이 이 애에게 장난을 치는구나' 라고 생각할 것이다. 아무튼 어떤 비용도 들지 않고 나는 그 애를 즐겁게 해준 것이다.

이렇게 아이들은 재미있게 해주는 것을 아주 좋아한다. 문제는 그리스도인들도 재미를 추구한다는 사실이다. 그들은 신앙생활에서조차 재미있는 일을 추구한다. 신앙생활에서도 그들은 재미없는 것에는 거의 관심을 갖지 않는다. 이것이야말로 그들이 언제나 1학년에 머물러 있다는 증거가 아니고 무엇이겠는가? 그들은 '머리 아프게 2학년으로 올라갈 필요가 뭐냐?'라고 말하면서 '영원한 1학년'이기를 원한다. 어린이들은 장난감, 신기한 물건들 그리고 놀이 친구가 없으면 굉장히 힘들어한다. 안타깝게도, 교회에 가면 이런 그리스도인들이 아주 많다.

한 그리스도인 사업가가 언젠가 내게 "토저 목사님, 저는 목사님의 말을 믿고 따릅니다. 그런데 왜 다른 사람들은 목사님의 말을 이해하지 못합니까?"라고 물었다. 나는 그에게 "형제님, 저도 모르겠습니다"라고 대답했다. 만일 목회자가 교인들에 의해 자행(恣行)되는 '기독교의 오락화'를 비판하면, 그들은 그를 싫어할 것이다. 언젠가 어떤 사람이 내게 이런 편지를 보냈다.

"목사님께서는 '기독교의 오락화'가 잘못된 것이라고 말씀하시는데, 그럼 우리가 찬송가를 부르는 것은 오락적 행위가 아닌가요?"

찬송가를 부르는 것이 오락적 행위라고? 나는 이 사람이 밤에

> 교인들에게 예배드리는 법을 가르칠 능력이 없는 목회자는 그 대신 오락을 제공하려고 애쓸 것이다. 오늘날 새로운 이단이 생겼는데, 그것은 바로 '기독교의 오락화'라는 이단이다.

자기 집을 어떻게 찾아가는지 모르겠다. 누군가 그를 인도하여 집까지 데려다주지 않으면, 그는 집에 가지 못할 것이다. 이 사람이야말로 좌우를 분별하지 못하는 사람이다.

우리가 하나님을 바라보며 "영생의 양식을 나에게도 풍족히 나누어주옵소서"(찬송가 284장)라고 찬송을 부르는 것은 오락인가 아니면 예배인가? 오락과 예배 사이에 차이가 없는가? 예배를 모르는 교회는 오락을 추구하는 법이다. 교인들에게 예배드리는 법을 가르칠 능력이 없는 목회자는 그 대신 오락을 제공하려고 애쓸 것이다. 오늘날 새로운 이단이 생겼는데, 그것은 바로 '기독교의 오락화'라는 이단이다.

넷째, 어린아이는 높은 수준의 글을 즐길 줄 모른다.

어린아이는 단지 읽는 것 자체로 만족한다. 부모가 집에 들어오면 아이는 부모에게 "내가 책을 읽을 줄 알아요. 내가 책 읽는 것을 보세요"라고 말한다. 부모가 그 애의 옆에 앉아 있으면, 아이는 자기가 가져온 책을 끝까지 읽는다. 그런 다음 무엇이라고 말하는가? "나는 고양이를 보았어요. 그 고양이는 흰 색이었어요"라는 말이 전부일 것이다. 아이는 이것보다 더 깊은 내용을 이야기하지 못한다. 어린아이로서 이것은 당연한 일이다. 그러나 그 애가 계속 나이를 먹어 17세가 되어서도 계속 "나는 책을 읽을 수 있어요. 고양이가 나왔는데, 흰 고양이였어요"라는 말만 되풀이한다고 가정해보자. 부부는 근심스러운 표정으로 서로 "이 애를 그냥 내버려두어서는 안 되겠어요. 어디 가서 검사라도 받아봅시다"라고 말하게 될 것이다.

이제 당신은 왜 성령님이 우리에게 히브리서를 주셨는지를 이해할 수 있을 것이다. 히브리서에서 성령님은 우리에게 "언제까지나 '도(道)의 초보'에만 머물러 있으려느냐?"라고 책망하시는 것이다. "우리는 거듭나야 합니다"라는 말만 되풀이하면 당신의 의무를 다한 것인가? 이 말만 하면 그 다음에는 교인들을 종교적 오락의 바다에서 헤엄치게 만들어도 되는 것인가? 결코 그렇지 않다. 이제 성령님은 히브리서를 통해 분명히 말씀하신다.

"그러므로 우리가 그리스도 '도의 초보'를 버리고 죽은 행실을 회개함과 하나님께 대한 신앙과 세례들과 안수와 죽은 자의 부활과 영원한 심판에 관한 교훈의 터를 다시 닦지 말고 완전한 데 나아갈지니라"(히 6:1,2).

그렇다면 완전한 데로 나아가려면 어떻게 해야 하는가?

완전한 데로 나아가는 방법

완전함은 성장을 의미한다. 당신의 아들이 성장하여 대학 과정을 마치면, 성격도 원만해지고 신체도 균형이 잡힐 것이다. 그에게 무슨 변화가 일어났는가? 그는 단지 성장했을 뿐이다. 그가 완전해진 것은 아니다. 그는 성숙했지만 완전하지는 않다. 아침에 그의 방에 들어가보라. 방바닥에 벗어놓은 바지, 바닥에 나뒹구는 책, 책상 위에 놓인 마시다 남은 음료수 캔… 어느 것 하나도 완전하지 않다. 그렇다! 그는 완전하지 않다. 하지만 성장했다. 그는 성장해서 어엿한 성인(成人)이 되었기 때문에 당신에게는 아주 대견한 자식이다. 그가 건강하고 성숙한 것에 대해 당신은 하나님께 감사하게 될 것이다.

성령님이 우리에게 원하시는 것도 이와 같다. 그분은 우리에게 "점과 흠이 없는 밀랍(蜜蠟) 같은 성자(聖者)가 돼라"라고 말씀하시는 것이 아니다. 그분은 "하나님 안에서 성숙하라"라고 말씀하시는 것이다. 즉, 성령님은 "항상 도의 초보를 가르쳐주어야 하는 어린아이가 되지 않도록 하나님 안에서 성장하라. 강한 그리스도인이 돼라. 응답받는 기도를 드리고, 세상에서 고난을 받고, 자기 십자가를 지고, 성령 안에서 무거운 짐을 지는 법을 배워라"라고 말씀하시는 것이다. 그렇다면 성숙해지는 방법은 무엇인가? 이에 대해 몇 가지 제안을 하겠다.

첫째, 결심을 해야 한다.

결심으로써 자신을 구원할 수는 없다. 하지만 당신은 구원받겠다고 결심할 수 있고, 구원받은 후에는 하나님과 동행하겠다고 결심할 수 있다. 우리가 결심하기 전까지는 하나님이 우리와 함께 일하지 않으실 것이다. 설사 하나님이 일하신다 할지라도 그것은 우리로 하여금 결심하게 만드는 일이 될 것이다. 그러므로 허리띠를 질끈 동여매고 어금니를 꽉 깨물고 결심하라.

젊은이가 군(軍)에 입대하는 것을 생각해 보라. 그에게 입영 통지서가 날아든다. 국가를 위해 부름 받았다느니, 조국을 위해 젊음을 바친다느니, 거기에는 온갖 미사여구가 적혀 있지만, 결론은 한 가지이다. 군대에 들어오라는 것이다. 입영하기 전에 그는 자신의 방을 정리한다. 그리고 여자 친구와 마지막 데이트를 하고, 친구들을 만나서 "앞으로 2년 동안 군 복무를 해야 한다"라고 말한다. 그는 군대에 들어가기 위해 아는 사람들과 작별 인사를 하면서 이렇게 준비를 하는 것이다.

그리스도인도 마찬가지이다. 그는 하나님의 군사(軍士)로 부름을 받은 사람이다. 그는 하나님과 동행하고, 그분 안에서 성장하고, 그분의 깊고 고상하고 은밀한 일들을 배우겠다고 굳게 결심해야 한다. 그는 자신에게 이렇게 말해야 한다.

"나는 유치원에서 너무나 오랫동안 빈둥거렸다. 유치원생 수준의 그리스도인 노릇도 이제 신물이 난다. 나는 하나님이 말씀하시는 것을 이해할 수 있을 때까지 성장하겠다. 나는 계속 성장하여 성령님의 깊고 은밀한 일들을 깨닫겠다."

둘째, 그리스도인답지 않은 것들을 버리고, 성경에 푹 빠져야 한다.

그리스도인답지 않은 행동과 습관을 버려라. 당신의 내면에 자리 잡고 있는 그리스도인답지 않은 욕구들을 제거하라. 그리스도께서 기뻐하지 않으시는 생각과 계획을 포기하라.

하나님의 말씀은 그 능력이 정말 막강하다. 당신이 성경을 읽으면 그것이 당신을 사로잡을 것이다. '주 예수 해변서 떡을 떼사'(찬송가 284장)라는 찬송가를 부르는 것은 하나님이 우리에게 성경말씀에 대한 이해력을 주시기를 기도하는 것이다. 이 찬송가를 성찬식에 적용할 것 같으면, 이것은 '주여, 우리가 성찬식에 참여할 때 생명의 떡을 떼어주소서'라고 간구하는 것이다. 그러므로 성경말씀에 푹 잠겨라. 가끔 한 장(章)씩 읽지 말고, 마음이 뜨거워질 때까지 계속 읽어라. 성경이 당신에게 말할 때까지 읽어라. 대개 우리는 성경이 우리에게 말할 때까지 읽었다고 착각하지만, 사실은 그렇지 않다. 우리의 성경 읽기 생활은 많이 부족하다. 성경을 가까이 두고 음식처럼 늘 먹어라.

셋째, 십자가를 져야 한다.

주님을 위해 조금이라도 고난을 당하는 법을 배워라. 악한 세력들이 우리 그리스도인들을 서서히 잠식(蠶食)해 들어오는 이유가 무엇인지 아는가? 그것은 우리가 안락을 너무 좋아하기 때문이다.

> 악한 세력들이 우리 그리스도인들을 서서히 잠식(蠶食)해 들어오는 이유가 무엇인지 아는가? 그것은 우리가 안락을 너무 좋아하기 때문이다

우리는 안락 대신 승리를 추구해야 한다. 사도행전은 세상과 싸워 이기는 방법을 우리에게 가르쳐주지만 정작 우리는 초대교회의 방법을 따르지 않고 있다. 초대교회가 사용한 방법은 아주 간단한 것이다. 그것은 나가서 증거하고, 모든 것을 주님께 바치고, 모든 것을 하나님의 뜻에 따라 행하고, 십자가를 지고, 자기의 행동에 책임을 지는 것이었다.

교회가 이런 방법에 충실했을 때 어떤 결과가 생겼는가? 교회가 생긴 지 불과 100년밖에 되지 않았을 때 복음이 온 세상으로 퍼져나가지 않았는가!

넷째, 주 예수 그리스도만을 바라보며 이렇게 기도해야 한다.

주님의 얼굴을 보여주소서.
주님의 얼굴은 하나님의 사랑의 빛입니다.

저는 주님의 사랑이 아닌 것은

생각도 하지 않고 꿈도 꾸지 않을 것입니다.

성령님께 당신의 마음을 열어라. 그러면 하나님이 당신을 붙잡아주실 것이다.

결론적으로 말하겠다. 도의 초보에 머물지 않고 계속 완전함을 향해 전진하는 것은 사치품이 아니라 필수품이다. 히브리서 기자는 "한 번 비췸을 얻고 하늘의 은사를 맛보고 성령에 참예한 바 되고 하나님의 선한 말씀과 내세의 능력을 맛보고 타락한 자들은 다시 새롭게 하여 회개케 할 수 없나니"(히 6:4-6)라고 말한다. 도의 초보에 머물지 말고 온전한 데로 나아가라는 성령님의 권고는 별종(別種)의 성도를 만들어내기 위한 말씀이 아니다. 이 권고에 따르는 것은 선택 사항이 아니라 필수 사항이다.

09
하나님의 사람들과 연합하여 뜻을 같이한다

● 우리는 한마음 한뜻이 되어 하나님의 큰일을 체험하고 하나님께 복종하고 영적 장애물을 제거하겠다고 굳게 결심하는가? 이 질문들에 "그렇다!"고 대답할 수 있다면, 우리는 연합하여 동거하는 형제들이다.

연합하면 부흥한다

시편 133편에서 다윗은 아름다운 한 폭의 그림을 보여준다.

"형제가 연합하여 동거함이 어찌 그리 선하고 아름다운고 머리에 있는 보배로운 기름이 수염 곧 아론의 수염에 흘러서 그 옷깃까지 내림 같고 헐몬의 이슬이 시온의 산들에 내림 같도다 거기서 여호와께서 복을 명하셨나니 곧 영생이로다.'

그가 성령의 감동으로 쓴 이 시는 성경 전체에서 참으로 아름다운 시이다. "형제가 연합하여 동거한다"라고 표현되어 있지만, 그렇다고 해서 단지 남자들만 동거한다는 말은 아니다. 여기서 '형제'라는 말은 남자와 여자 그리고 자녀를 포함하는 공동체를 나타내는 대표적 표현이다. 사람들이 할 일은 형제가 연합하여 동거하는 것이며, 기름과 이슬과 복과 영생을 허락하시는 것은 하나님께서 하시는 일이다.

시편 133편은 하나님께 복을 받기 위해서는 먼저 하나님의 사람들이 서로 연합해야 한다고 가르친다. 물론 이런 교훈은 성경의 다른 부분에서도 나타난다. 종종 나는 사람들이 "오, 하나님! 우리가 연합할 수 있도록 성령님을 보내주소서"라고 기도하는 것을 듣는다. 하지만 이 기도의 내용에서 순서가 바뀌어야 한다. 즉, 성령님이 우리를 연합시키기 위해 오시는 것이 아니라, 우리가 먼저 연합해야 성령님이 오시는 것이다. 그러므로 우리는 "오, 하나님! 우리가 연합할 수 있도록 도와주소서. 그리하시면 우리에게 기름, 이슬, 복 그리고 영생이 있을 것입니다"라고 기도해야 할 것이다.

사도행전 2장을 보면 다음과 같은 말씀이 나온다.

"오순절날이 이미 이르매 저희가 다 같이 한곳에 모였더니 홀연히 하늘로부터 급하고 강한 바람 같은 소리가 있어 저희 앉은 온 집에 가득하며 불의 혀같이 갈라지는 것이 저희에게 보여 각 사람 위에 임하여 있더니 저희가 다 성령의 충만함을 받고"(행 2:1-4상).

> 성령님이 우리를 연합시키기 위해 오시는 것이 아니라, 우리가 먼저 연합해야 성령님이 오시는 것이다.

이런 사건이 있은 지 몇 달 후에 그들은 다시 기도했다. 이번에는 사도행전 4장의 기록을 보자.

"빌기를 다하매 모인 곳이 진동하더니 무리가 다 성령이 충만하여 담대히 하나님의 말씀을 전하니라 믿는 무리가 한마음과 한뜻이 되어 모든 물건을 서로 통용하고 제 재물을 조금이라도 제 것이라 하는 이가 하나도 없더라"(행 4:31,32).

여기서 우리는 무리가 모인 곳이 진동하기 전에 이미 그들이 한마음과 한뜻이 되어 있었다고 해석해야 한다. 그들이 모인 곳이 진동했기 때문에 그들이 한마음과 한뜻이 되었던 것은 아니다. 다시 말하지만, 그들이 이미 한마음과 한뜻이 되어 있었기 때문에 그들이 모인 곳이 진동하고 그들이 성령 충만을 받을 수 있었던 것이다. 성경은 "믿는 무리가 한마음과 한뜻이 되어… 사도들이 큰 권능으로 주 예수의 부활을 증거하니 무리가 큰 은혜를 얻었다"(행 4:32,33)라고 말한다.

연합이 없으면 능력도 없다

하나님의 영이 부어지기 위해서는 우리가 먼저 연합해야 한다. 당신의 집으로 120볼트의 전류가 들어온다 해도 집안의 어딘가에 전선이 끊어져 있다면 스위치를 켜도 아무 소용이 없을 것이다. 전등, 라디오, 스토브 중 그 어느 것도 켜지지 않을 것이다. 전류가 충분히 준비되어 있다 해도 어딘가에 전선이 끊어져 있다면 그 전류는 무용지물이다. 이와 마찬가지로, 하나님의 능력은 무한하지만 하나님의 자녀들이 연합하지 않는다면 그 능력이 그들을 위해 나타나지 않는다.

바울은 빌립보서에서 이렇게 말한다.

"그러므로 그리스도 안에 무슨 권면이나 사랑에 무슨 위로나 성령의 무슨 교제나 긍휼이나 자비가 있거든 마음을 같이하여 같은 사랑을 가지고 뜻을 합하며 한마음을 품어… 또한 각각 다른 사람들의 일을 돌아보아 나의 기쁨을 충만케 하라"(빌 2:1-4).

부흥이 무엇인가? 크건 작건 부흥은 그리스도인들이 한마음 한뜻이 되는 것이라고 말할 수 있다. 오늘날 신자 개인들이 크고 작은 복(福)을 받는 일은 많이 일어나지만, 그들이 연합하여 부흥이 일어나는 일은 드물다. 우리가 잘 알듯이, 부흥은 신자들 사이에서 신령한 분위기가 지속되는 것이다. 교회에서 일시적으로 신령한 분위기가 형성되는 경우들은 종종 발생한다. 그런데 문제는 그런 분위기가 일시적 현상으로 끝난다는 것이다. 다시 말하지만, 신령한 분위기가 지속되어야 부흥이라고 말할 수 있다. 신령한 분위기가 지속되어야 비로소 성령님은 우리를 위해 능력을 베푸실 수 있다. 보통의 교회들에서는 이런 일이 반복된다. 즉, 우리는 주일에 교회에 와서 약간의 능력을 얻는다. 하지만 수요일이 되면 그 능력이 사라지고, 우리는 다시 교회에 와서 약간의 능력을 또 얻는다. 그러나 다시 주일이 되면 그 능력이 사라지고 우리는 다시 교회에 와서 또 능력을 얻는다. 우리는 산꼭대기로 올라갔다 다시 골짜기로 내려오고 또 산꼭대기로 올라갔다 다시 골짜기로 내려오는 과정을 끊임없이 반복한다. 물론 이것이 항상 골짜기에 머무는 것보다는 낫지만, 분명 항상 꼭대기에 머무는 것보다는 못하다.

두 개의 정치체제

나는 우리가 한마음과 한뜻이 되어야 한다고 말했다. 그러나 이것이 꼭 교리적으로 동일한 견해들을 가져야 한다는 것은 아니다. 지구상의 모든 그리스도인들이 모든 교리들에서 완전히 일치하는 것은 아니다. 물론 그렇다고 해서 이단까지도 용납할 수 있다는 말은 절대 아니다. 이단이 아니라면 사소한 교리적 차이들은 용납될 수 있다. 그러므로 어떤 면에서 기신교는 민주주의에 비교될 수 있다.

현재 이 세계에는 두 가지 정치체제가 존재한다. 그중 하나는 민주주의 정치체제이다. 민주주의 국가에서는 다양한 견해들이 용납된다. 그러나 위기 상황이 닥치면 하나로 뭉친다.

1941년 미국은 사분오열(四分五裂)되어 있었다. 하지만 일본군이 진주만을 폭격했을 때 미국인들은 즉시 하나로 뭉쳤다. 진주만 폭격의 소식이 전해지자 민주당과 공화당은 서로를 끌어안았고, 그들은 다시 중도파를 끌어안았다. 이런 연합은 전쟁이 끝날 때까지 계속되었다. 그러나 전쟁이 끝나자 그들은 다시 서로 싸우기 시작했다.

이런 현상은 미국만의 현상이 아니다. 세계 여러 나라는 진보와 보수의 정당으로 나뉘어 서로 싸운다. 그들이 얼마나 치열하게 싸우는지를 알려면 뉴스를 보라. 아마 당신은 그들이 감옥에 가야 마땅한 악한(惡漢)들이라는 생각이 들 것이다. 하지만 그들 나라에 선전포고를 해보라. 그들은 1초도 안 되어 똘똘 뭉칠 것이다. 길거리의 교통경찰부터 대통령에 이르기까지 모두 하나가 될 것이다. 사람들은 견해가 달라도 서로 연합할 수 있다. 왜냐하면 견해의 차이는 지엽적인 것이고 연합은 본질적인 것이기 때문이다.

민주주의와 대립되는 정치체제는 전체주의(全體主義)이다. 전체주의에서는 사람들이 연합할 수밖에 없는데, 왜냐하면 그렇게 하지 않으면 그 체제 안에서 살아남을 수 없기 때문이다. 만일 누군가 자기의 사사로운 견해를 이야기했다가는 쥐도 새도 모르게 비밀경찰에게 끌려갈 가능성이 아주 높다. 그러므로 모든 사람들이 자기의 견해를 죽이고 연합할 수밖에 없다. 그런 연합은 협박과 두려움과 폭력 위에 세워진 연합이다.

가톨릭교회에서는 모든 사람들이 연합한다. 거기에서는 의견의 차이의 여지가 거의 없는데, 왜냐하면 교회가 교리를 일치시켜놓았기 때문이다. 그들은 그 교리를 믿든가 아니면 구원을 포기하든가 양자택일이 있을 뿐이라고 가르친다. 그러나 개신교는 가톨릭교회와 매우 다르다. 개신교의 여러 교파들은 구원과 관계된 교리들에서는 일치를 보이지만, 지엽적인 문제들에서는 서로 관용한다.

인체의 비유

내가 이제 이야기하려는 인체(人體)의 비유는 사실 좀 기괴하다고 말할 수도 있다. 하지만 내가 말하려는 요점을 전달하는 데에는 그 나름대로 효과적일 것이다. 우리의 생명을 유지하려면 심장이 있어야 한다. 이 심장은 끊임없이 탁동하면서 피를 온 몸에 공급하여 생명을 유지시킨다. 우리에게는 또한 폐가 있는데, 이것은 산소를 통해 우리의 피를 맑게 하는 작용을 한다. 그리고 우리에게는 뇌, 척추, 신경계(神經系) 및 기타의 중요한 장기들이 있어서 생명을 유지시켜준다. 하지만 생명 유지에 필수적이지 않은 것들도 있다. 끔찍한 비유이지만, 우리의 손이나 발을 잘라낸다 해도 생명을 잃는 것은 아니다. 손이나 발이 없는 사람도 평생 다른 사람들과 마찬가지로 똑같이 사고(思考)하고 말하고 자기의 일을 수행할 수 있다. 하지만 필수적 장기, 예를 들면 심장이나 폐가 없는 사람은 생명을 잃게 된다. 만일 어떤 사람의 신장이 기능을 멈춘다면 그 사람은 몇 시간 안에 영안실에 눕혀질 것이다. 이 비유는 교회에 그대로 적용된다. 교회의 어떤 교리들은 본질적인 것들이기 때문에 만일 그것들을 제거한다면 교회는 더 이상 존재할 수 없게 된다.

나는 천지를 지으시고 눈에 보이는 것들과 보이지 않는 것들을 지으신 전능하신 아버지 하나님을 믿는다. 또한 나는 주 예수 그리스도를 믿는다. 이분은 하나님의 독생자요, 창세 전에 아버지에게서 나신 자요, 빛의 빛이요, 참하나님의 참하나님이요, 창조되지 않고 나신 분이시다. … 이분은 우리 인간들을 구원하기 위해 하늘에서 내려오시되 동정녀 마리아에게서 성령으로 잉태하여 성육신하셨으며, … 고난을 당하고 십자가에서 죽으셨으며, 장사한 지 사흘 만에 성경대로 다시 사셨으며, 하늘에 올라 성부 하나님 우편에 앉으셨다. 또한 나는 생명의 주(主)요, 생명을 주시는 분이신 성령님을 믿는다. 이분은 성부와 성자와 함께 경배와 영광을 받기에 합당하신 분이시다.

이것들이 기독교의 본질적 진리들이다. 우리는 이것들을 믿는다. 우리는 인간의 타락, 의(義), 죄사함, 죽은 자들의 부활, 그리스도의 재림, 어린양 보혈의 구속(救贖)의 능력, 예수의 주님 되심 그리고 삼위일체 하나님을 믿는다. 이것들이 없는 교회는 교회가 아니다. 이것들을 뺀다면 교회는 무너진다. 이것들이 사라진 자리에는 종교 단체만 남는다. 이것들을 믿고 따르는 사람들이 있는 곳, 바로 그곳에 교회가 있다. 이런 확고한 진리에 서 있다면 다른 지엽적인 것들은 큰 문제가 되지 않는다. 그렇기 때문에 그리스도의 교회는 지엽적인 문제들에서 견해를 달리하는 사람들을 용납할 수 있는 것이다. 머리카락이 빨간 사람, 머리카락이 없는 사람, 키가 작은 사람, 키가 큰 사람, 뚱뚱한 사람, 마른 사람, 이런 사람들이 모두 교회에서 받아들여진다. 우리는 "당신들은 모두 머리가 빨간색이어야 한다. 그렇지 않으면 이 교회로 들어올 수 없다"라고 말하거나 "당신들은 모두 같은 성(姓)을 가져야 한다. 그렇지 않으면 이 교회로 들어올 수 없다"라고 말해서는 안 된다. 우리는 "교회에는 본질적인 진리들이 있는데, 우리는 그것들 위에서 연합한다. 그 밖의 다른 것들에서는 하나님이 당신을 인도하시는 대로 살아라"라고 말해야 한다. 이것이 바로 기독교 민주주의이다.

그릇된 연합

부흥을 낳는 연합은 무엇인가? 이 질문에 제대로 대답하려면 우선 연합이 아닌 것이 무엇인지를 알아야 한다. 두려움 위에 세워진 연합은 연합이 아니다. 한 세대(世代) 전만 해도 복음주의 교파들에서도 로마 가톨릭 못지않은 권위주의와 위계체제(位階體制)가 존재했다. 교단의 중직자(重職者)들은 투표로 선출된 것이 아니라 직권(職權)으로 임명되었다. 만일 누군가 교단 원로의 심기를 거스르는 소리를 했다가는 당장 사방에서 비난의 화살들이 그에게 쏟아지곤 했다. 또한 천년왕국, 적그리스도 및 기타 교리적 문제들에서 모든 사람들이 똑같은 것을 믿지 않으면 안 되었다. 나는 이런 분위기에서 성장했다. 또한 나는 이런 획일적인 분위기에 처음으로 저항한 사람들 중 한 사람이었다.

그렇다고 해서 내가 지금 전체주의적 교회에서 볼 수 있는 것 같은 연합을 주장하는 것은 아니다. 그런 교회에서는 설교자가 설교단에서 회중에게 무엇을 믿을 것인지를 일방적으로 지시하고 회중은 무조건 받아들인다. 하지만 나는 교회들이 획일적인 분위기로 흘러가는 것을 좋아하지 않는다. 만일 내가 어떤 설교를 했는데 당신이 성경에서 확인해보니까 내 견해가 틀렸다면 나는 기꺼이 나의 생각을 바꿀 것이다. 내가 틀렸다면 나는, 당신이 내게 찾아와 "나는 목사님의 설교를 좋아합니다. 하지만 이 점에서는 목사님이 잘못 생각하신 것 같습니다"라고 말해주기를 원한다. 우리에게는 하나님의 말씀이 있기 때문에 우리는 이 말씀에 비추어 우리가 옳은지 그른지를 판단해야 한다.

또 다른 종류의 그릇된 연합은 수동적이고 타협적인 연합이다. 어떤 교회들은 분열되고 시끄러운 것이 싫으니까 수동적으로 타협해버리고 만다. 이런 교회들에서는 사람들이 진리의 문제에 별로 신경을 쓰지 않는다. 그들은 좋은 게 좋다는 식으로 적당한 선에서 타협하고 만다. 나는 이것을 가리켜 '죽은 자들의 차가운 연합'이라고 부르고 싶다. 완벽하게 연합을 이루어 아무 소리 없이 조용한 곳이 바로 공동묘지가 아닌가? 생전에 민주당원이었든 공화당원이었든 보수주의자이었든 진보주의자이었든 거기에서는 모두가 잠잠하여 '죽은 자들의 차가운 연합'을 이루고 있다. 그러나 연합을 이룬다는 미명하에 교회가 공동묘지처럼 되어서는 안 된다.

당신이 어떤 교회에 가보았다고 가정하자. 그런데 교인들은 그 교회의 유력한 '돈줄' 장로 주변으로 몰려들고, 교회는 이 사람을 중심으로 돌아간다. 목회자는 이 사람에게 상처를 주지 않으려고 노심초사한다. 이 사람의 말 한마디에 교회가 일사불란하게 돌아가기 때문에 연합이 이루어진 것처럼 보인다. 자기의 견해를 결코 표현하는 법이 없는 교인들은 이 사람의 말이면 전부 용납한다. 이것이야말로 '죽은 자들의 차가운 관용(寬容)'이 아니겠는가? 또 다른 어떤 교회에서는 담임목사가 교회를 개척하고 성장시켰다는 그 공로를 빙자해서 교회를 사유화(私有化)하여 전횡적으로 치리해나간다. 목사의 전횡과 부당한 처사에 대한 교인들의 이의 제기는 하나님에 대한 이의 제기와 동일시된다. 그러나 이렇게 강압된 교회의 일사불란함은 사실상 '죽은 시신들의 차가운 연합'에 불과할 뿐이다.

진정한 연합을 위한 기초

진정한 연합의 기초에 대해 네 가지로 정의내릴 수 있다.

첫째, 오직 하나님께만 영광 돌리겠다는 일념(一念)으로 뭉친다.

하나님은 우리가 칼빈주의자인지 알미니안주의자인지를 묻지 않으신다. 하나님은 "네가 오직 나에게 영광을 돌리기를 원하느냐?"라고 물으신다. 종종 나는 "오, 하나님! 오늘 이 도시에 복을 주소서. 하지만 누군가 다른 사람을 통해 다른 곳에 복을 주기를 원하신다면 그곳에 복을 주소서. 어떤 경우든 간에 결국 하나님께 영광이 돌아가게 하소서"라고 기도드린다. 나는 하나님이 오직 내게만 복을 주시기를 원하는 이기주의자가 아니다. 나는 누구든지 하나님을 기쁘게 해드린 사람이 하나님께 복을 받기를 원한다. 나는 어떤 교회든 어떤 도시든 하나님을 기쁘게 해드리는 곳이 복을 받기를 원한다.

나는 삼위일체 하나님께만 영광을 돌리기 위해 헌신하는 사람들이 복 받기를 원한다. 나는 다른 사람들이 하나님께 귀하게 쓰임 받는 것을 진정으로 기뻐할 줄 아는 사람들이 복 받기를 원한다. 나는 자기의 유익을 구하지 않고 다른 사람들의 유익을 구하는 사람들이 복 받기를 원한다. 다시 말하지만, 우리는 오직 주님께만 영광을 돌리겠다는 일념으로 뭉쳐야 한다.

둘째, 한마음 한뜻이 되어 주님의 일에 몰두한다.

쓸데없이 잡다한 것들에 신경을 쓰다보면 영적인 일들에 지속적으로 열심을 낼 수 없다. 하나님은 자신의 백성이 그리스도를 생각하고 그리스도에 대해 말하고 그리스도의 달콤과 교훈을 사모하기를 원하신다. 그분은 그들이 모일 때마다 그리스도를 주제로 말하기를 원하신다. 그렇게 할 때 비로소 그분은 교회에게 부흥을 허락하시고 지속적으로 복을 주실 것이다.

일을 대충 처리하는 사람은 결코 아무것도 이룰 수 없다. 역사에서 위대한 일들을 이룬 사람들은 전부 헌신적인 사람들이었다. 에디슨은 축음기(蓄音機)를 만들기 위해 밤에 4시간만

자면서 열심히 일했다. 차이코프스키는 다른 사람들이 자는 동안 뜬눈으로 밤을 새며 작곡에 몰두했다. 솔직히 말해서 나는 그의 음악을 그다지 좋아하지 않는다. 하지만 그의 노력만큼은 정말 인정해주어야 할 것이다. 영국의 위대한 시인들 중 한 사람인 바이런(Byron, 1788~1824. 낭만파 시인)은 "나는 내 방에 틀어박혀서 한 번에 18시간을 시작(詩作)에 몰두했다. 방에서 나와 차 한 잔 마시지 않았다!"라고 말했다.

야구든 축구든 하키든 전문 운동선수들도 그들의 운동에 완전히 몰두한다. 언젠가 나는 어떤 젊은이와 대화를 나누었는데, 그는 투우(鬪牛)에 미친 사람들도 있다고 내게 말해주었다. 그의 이야기를 듣고 나는 '하나님의 형상으로 창조된 인간이, 위대한 업적을 남겨서 후세에 명성을 떨칠 수 있는 능력을 타고난 인간이 어찌하여 투우에 목숨을 바친단 말인가?'라고 생각했다. 아무튼 이토록 자기 일에 전심으로 몰두하는 사람들이 많다. 하물며 우리 그리스도인들은 더욱더 하나님의 일에 몰두해야 하지 않겠는가?

최근에 나는 세계를 몇 번 순회하면서 많은 일을 한 기독교 지도자가 쓴 글을 읽었다. 그는 "세계의 많은 종교들 중에서 사람들이 심각하게 받아들이지 않는 유일한 종교는 기독교입니다. 불교도들은 그들의 종교에 진지한 자세로 임합니다. 이슬람 신자들도 마찬가지입니다"라고 말했다. 우리 그리스도인들은 어떤가? 혹시 우리는 기독교를 가지고 노는 사람들은 아닌가? 우리가 믿는 진리가 세상을 구원할 유일한 진리인데, 우리는 이 진리를 너무 가볍게 여기지는 않는가?

셋째, 하나님의 놀라운 일들을 보겠다는 결심으로 일치된다.

우리는 우리가 원하는 만큼 하나님의 큰일을 본다. 그 이상은 아니다. 교회는 원하는 만큼 복을 받는다. 그 이상은 받지 못한다. 주님은 "의에 주리고 목마른 자는 복이 있나니 저희가 배부를 것임이요"(마 5:6)라고 말씀하셨다. 이 말씀은 조금도 변하지 않고 우리에게 그대로 적용된다. 당신이 목마르다면 당신의 갈증을 해소시켜줄 만큼의 물이 주어질 것이다. 하지만 그 이상은 주어지지 않을 것이다. 당신이 굶주렸다면 당신의 굶주림을 해소시켜줄 만큼의 양식이 주어질 것이다. 하지만 그 이상은 주어지지 않을 것이다. 하나님의 백성은 하나님의 큰일들을 얼마만큼 볼 수 있을까? 이 질문에 대한 답은 이미 내가 말한 셈이다. 그들이 보기를 원하는 만큼 볼 수 있을 것이다. 내가 신유의 은사로 병을 고치는 사람은 아니지만, 나는 하나님이 병자들에게 손을 얹으셔서 그들을 고쳐주시는 것을 보고 싶다. 나는 보통 교회들에서는 보기 힘든 놀라운 하나님의 역사가 일어나는 것을 보고 싶다. 당신은 어떤가? 우리는 모두 하나님의 큰일을 보겠다고 갈망해야 한다. 왜냐하면 이것이 연합의 기초이기 때문이다.

넷째, 신자들이 한마음과 한뜻으로 기도한다.

기도는 하나님이 이 땅 위에서 하나님의 뜻을 이루시는 수단이다. 예수님은 "믿는 자에게는 능치 못할 일이 없느니라"(막 9:23하)라고 말씀하셨고, "하나님으로서는 다 하실 수 있느니라"(막 10:27하)라고도 말씀하셨다. 기도는 기도하는 사람을 하나님과 하나로 묶어주기 때문에, 그는 하나님의 전능한 능력을 사용할 수 있다. 그러므로 그에게 능치 못할 일이 있겠는가?

어떤 소극적인 사람들은 스스로 겸손하다고 착각하지만 실제는 그들에게 믿음이 없는 것이다. 또 어떤 사람들은 불필요한 죄의식 때문에 때로는 자신을 끊임없이 꾸짖기도 하고 때로는 자기의 생각과 행위를 변호하기도 하지만 실제로는 소심하고 믿음이 없는 것이다. 이런 사람들은 "그러므로 우리가 긍휼하심을 받고 때를 따라 돕는 은혜를 얻기 위하여 은혜의 보좌 앞에 담대히 나아갈 것이니라"(히 4:16)라는 말씀을 명심해야 할 것이다. 이 말씀대로 담대히 나아가자. 우리가 겸손해야 하는가? 당연히 겸손해야 한다. 하지만 하나님께 무엇을 구하는 것을 두려워할 정도로 겸손해서는 안 된다. 심약(心弱)하여 마귀의 계략에 넘어가는 것이 겸손은 아니다. 우리는 겸손해야 하지만, 한편으로는 담대히 구하고 찾고 두드려야 한다.

우리가 기도할 때 범하기 쉬운 큰 잘못들 중의 하나는 '구체적인 기도 제목 없이 모호하게 기도하는 것'이다. 나는 펜실베이니아 주(州)에서 사격을 즐기곤 했다. 사실 지금도 여가가 생기면 사격을 즐긴다. 당시 나는 직경 8밀리 총알이 들어가는 큰 소총을 즐겨 사용했다. 왜냐하면 이렇게 큰 총이 '빵!' 소리를 내며 공중으로 연기를 날릴 때, 나는 거의 뒤로 넘어질 뻔하면서도 속으로는 매우 통쾌하기 때문이다. 하지만 표적을 향해 총을 쏘았을 때에는 대개 표적을 맞추지 못했기 때문에 얼굴이 빨개지곤 했다.

우리가 구체적인 기도 제목 없이 모호하게 기도하면 소리는 요란할지 모른다. 다른 사람들은 이 요란한 소리를 듣고 우리를 가리켜 "저 사람은 열심히 기도하는 사람이다"라고 말할 것이다. 그러나 우리는 무엇에 대해 기도하는가? 우리에게 분명한 기도의 목표가 있는가? 하나님이 우리의 기도를 들으셨는가, 아니면 우리가 단지 구름을 향해 총을 쏘아댄 것은 아닌가? 우리가 표적을 맞추었는지 아닌지 어떻게 아는가? 표적에 생긴 구멍이 총알이 통과한 자리인지 아니면 본래 나무에 있던 옹이

구멍인지 어떻게 아는가? 우리가 기도했지만 하나님이 응답하지 않으셨을 경우 우리는 기도의 응답을 받은 척해야 하는가? 결코 그럴 수 없다. 그것은 하나님의 영광을 가리는 것이다.

성령의 기름부음

작은 조각들이 모여서 조화를 이룰 때 아름다운 모자이크 그림이 탄생하듯이, 우리의 작은 노력들이 하나로 모아질 때 하나님의 병거가 달릴 수 있는 대로(大路)가 만들어진다. 이 대로에는 장애물이 없어야 하는데, 장애물을 제거한다는 것은 우리의 잘못된 습관이나 죄를 제거한다는 뜻이다. 우리가 한마음 한뜻이 되어 이런 것들을 제거하기 전까지는 부흥을 기대하지 말라. 유감스럽게도, 오늘날 그리스도인들의 도덕적 수준은 아주 낮다. 개인의 죄들이 많을 뿐만 아니라 서로 간의 불화와 반목도 많다. 개인적 죄들은 각자 개인에 의해 처리되어야 할 것이고, 사람들 간의 문제는 서로 간에 해결되어야 할 것이다.

시편 133편에 의하면, 형제가 연합하여 동거하는 것은 머리에 있는 보배로운 기름이 아론의 수염에 흘러서 그 옷깃까지 내림 같고 헐몬의 이슬이 시온의 산들에 내림 같다고 한다. 하나님은 예수님에게 성령을 부어주셨다. 하나님은 예수님에게 성령으로 세례를 주신 것이 아니라 성령의 기름을 부으신 것이다. 성령 세례와 성령의 기름부음은 구분되어야 한다. 다시 말하지만, 예수님은 성령 세례를 받으신 것이 아니라 성령의 기름부음을 받으신 것이다. 그분께 성령의 기름이 부어졌을 때 그 기름은 너무나 풍성히 그분의 머리에 부어졌으며, 그분의 몸을 타고 흘러내렸다.

아론의 머리에 부어진 기름이 수염을 타고 흘러서 옷깃에 내렸다. 이와 마찬가지로 예수님의 머리에 부어진 기름, 즉 성령이 그분의 몸을 타고 흘러서 하나님의 백성에게 임한다. 물론 이런 복된 일은 그들이 연합하여 동거할 때 일어난다. 당신과 나는 그리스도를 머리로 하는 몸의 지체이다. 그러므로 그분의 머리에 부어진 기름은 그분의 몸인 당신과 내게로 흘러내린다.

우리는 하나님께 복을 받기에 합당한 존재들인가? 우리는 오직 하나님께 영광을 돌리고 하나님의 일에만 몰두하겠다는 일념으로 뭉쳐 있는가? 우리는 한마음 한뜻이 되어 하나님의 큰일을 체험하고 하나님께 복종하고 영적 장애물을 제거하겠다고 굳게 결심하는가? 이 질문들에 "그렇다!"고 대답할 수 있다면, 우리는 연합하여 동거하는 형제들이다. 이 질문들에 "그렇다!"고 대답할 수 있다면, 예수님의 머리에 부어진 성령이 우리에게 흘러내려 복(福)과 영생을 줄 것이다.

SUCCESS AND THE CHRISTIAN

4부

성공에 관한 31가지 묵상

A.W. TOZER

영적인 분야에서도 나름대로 성공의 법칙이 있다. "대가를 지불하지 않으면 영적으로 큰 사람이 될 수 없다"는 것이 영적 성공의 법칙이다. 영주인 일들에서 뛰어난 사람이 되려면 우리가 흔히 생각하는 것보다 훨씬 더 노력하고 헌신해야 한다. 아무도 이 사실을 부정할 수 없다.

4부는 「Tozer on Christian Leadership」에서 발췌했다.

01 대가 COST
대가 없이는 성공도 없다

형제들아 우리의 수고와 애쓴 것을 너희가 기억하리니
너희 아무에게도 누를 끼치지 아니하려고
밤과 낮으로 일하면서
너희에게 하나님의 복음을 전하였노라
데살로니가전서 2:9

영적인 분야에서도 나름대로 성공의 법칙이 있다. "대가를 지불하지 않으면 영적으로 큰 사람이 될 수 없다"는 것이 영적 성공의 법칙이다. 영적인 일들에서 뛰어난 사람이 되려면 우리가 흔히 생각하는 것보다 훨씬 더 노력하고 헌신해야 한다. 아무도 이 사실을 부정할 수 없다. 우리가 진정 거룩해지기를 원한다면 그 방법을 아는 것은 어렵지 않다. 구약의 선지자들, 신약의 사도들 그리고 우리 주님은 거룩한 삶의 법칙을 분명히 가르치셨다.

만일 피아니스트가 오늘날의 그리스도인들이 영적 훈련을 게을리하는 것만큼 그의 피아노 연습을 게을리한다면, 그의 콘서트는 엉망이 될 것이다. 데이저 리그 소속의 야구 선수가 교회 직분자들처럼 빈둥거리면, 일주일 만에 해고될 것이다. 평신도들이 거룩함에 이르는 방법에 무관심한 것처럼 과학자가 그의 전공에 무관심하다면, 그는 아무런 연구 성과도 내놓지 못할 것이다. 어떤 나라의 군인들이 교회의 영적 군사들만큼 유약하고 미숙하다면, 적국에게 하루 아침에 점령당할 것이다. 안락의자에 편히 앉아 있는 사람은 결코 승리를 얻을 수 없다. 성공은 대가를 지불하는 사람에게 찾아온다.

오, 주님! 주님을 섬기는 데 필요한 대가를 제가 지불해야 한다면, 그것을 기꺼이 지불하겠다는 의지(意志)를 저에게 주소서. 예수님 이름으로 기도합니다. 아멘.

02 훈련 DISCIPLINE
Success 영혼을 잘 조율하라

네 속에 있는 은사 곧 장로의 회에서
안수 받을 때에 예언으로 말미암아
받은 것을 조심 없이 말며 이 모든 일에 전심전력하여
너의 진보를 모든 사람에게 나타나게 하라
디모데전서 4:14,15

내가 이해하고 받아들이기에 가장 힘든 것은 그토록 많은 그리스도인들이 아무 목적 없이 살아간다는 사실이다.

우리 주변의 그리스도인 형제자매들은 보기 드문 재능과 은사와 능력의 소유자들이다. 그러나 불행하게도 그들은 그들의 재능과 은사와 능력을 영적인 일에 사용하지 않기 때문에 신앙에 발전이 없다.

왜 사역자들이 해마다 실패를 고백해야 하는가? 그들은 이 교회 저 교회로 옮겨 다니며 이것도 해보고 저것도 해보지만 결국 실패할 뿐이다. 왜 이런 일이 반복되는가?

내가 보기에 그 이유는 그들이 훈련 과정을 거치지 않았기 때문이다. 그들은 능력이 있지만, 훈련이 되어 있지 않다. 그들은 '스트라디바리우스'(Stradivarius, 이탈리아 사람 스트라디바리 또는 그 일가가 만든 명품 바이올린)를 가지고 있으면서도 조율을 하지 않은 사람과 같다. 아무리 좋은 바이올린을 갖고 있다 해도 시간을 내어 차분히 그것을 조율하지 않으면, 멜로디도 화음도 낼 수 없다.

오, 주여! 오늘 제가 성령님의 능력 안에서 저를 훈련하도록 도우소서. 제가 잘 조율된 하나님의 악기가 되어 성실하게 봉사하게 하소서. 예수님 이름으로 기도합니다. 아멘.

03 고독 LONELINESS
대중적 인기에 연연하지 말라

나로 인하여 너희를 욕하고 핍박하고
거짓으로 너희를 거스려 모든 악한 말을 할 때에는
너희에게 복이 있나니 기뻐하고 즐거워하라
하늘에서 너희의 상이 큼이라
너희 전에 있던 선지자들도 이같이 핍박하였느니라
마태복음 5:11,12

    통속적 유대교는 선지자들을 죽이고, 그리스도를 십자가에 못 박았다. 통속적 기독교는 종교개혁가들을 죽이고, 조지 휫필드와 존 웨슬리를 길거리로 내몰았다. 종교에 관한 한, 통속적 대중은 잘못된 편에 선다. 진리를 깨달은 사람들은 언제나 소수이고, 나머지는 어둠에 쌓여 있다. 하나님의 진리의 편에 서서 당대의 종교적 유행과 인기에 맞서는 것은 언제나 인기 없는 일이고, 때로는 위험을 자초할 수도 있다.

    오늘날 기독교가 대중적 인기를 추구하는 것은, 스스로 영적으로 쇠퇴했다는 것을 무의식적으로 자인(自認)하는 것이다. 기독교가 세상의 힘센 자들의 발

앞에서 아첨할 때 성령님은 슬퍼하시고, 하나님의 자녀들은 당혹감을 느낀다.

롯은 인기 있는 신자였다. 그러나 어려움이 닥쳤을 때 그는 자기를 곤경에서 꺼내달라고 아브라함에게 즉시 도움을 요청해야 했다. 그가 아브라함을 어디에서 찾았는가? 아브라함은 유행을 좇는 대중이 바글거리는 곳에서 멀리 떨어진 언덕의 사면(斜面)에 있었다. 하나님을 가까이하는 사람은 이렇게 눈에 잘 띄지 않는다.

하나님은 복음을 전하라고 우리를 세상에 보내신다. 하지만 동시에 그분은 우리에게 세상과 타협하지 말라고 명령하신다.

하나님이시여! 제가 세상의 유행을 좇는 자가 되지 않게 해주소서.
아무도 알아주지 않는 곳에서 홀로 섬길 수 있는 힘을 제게 주소서.
대중의 시끄러운 소리가 저의 귀에 들리지 않게 하소서.
예수님 이름으로 기도합니다. 아멘.

04 겸손 HUMILITY
명예와 칭찬을 좇아 동분서주하지 말라

너희도 알거니와 우리가 아무 때에도 아첨하는 말이나
탐심의 탈을 쓰지 아니한 것을 하나님이 증거하시느니라
우리가 그리스도의 사도로 능히 존중할 터이나
그러나 너희에게든지 다른 이에게든지
사람에게서는 영광을 구치 아니하고
데살로니가전서 2:5,6

사도 바울은 아무 사심 없이 복음을 위해 일하였다. 그러나 현재 우리 주변에서 벌어지는 일들은 참으로 안타깝기 그지없다. 서로 높은 자리를 차지하려고 그리스도인들끼리 경쟁한다. 그리스도인들이 명예와 칭찬을 좇아 동분서주한다. 일부 기독교 지도자들은 이름을 날리기를 너무나 좋아한다. 주님의 이름을 빙자해 자신의 탐욕의 제국을 건설하려는 사람들도 적지 않다. 헌금을 더 많이 받아내려고 벌린 손에서는 진땀이 흐른다. 어떤 그리스도인들은 부끄러운 줄도 모르고 자기의 이기심을 채우려고 날뛴다. 누군가 조금만 인기가 있다 싶으면 크게 과장하여 난세(亂世)

의 영웅으로 만들어 숭배하는 천박한 '인물숭배'가 판을 치고 있다. 신실한 복음 전도자라고 자칭하는 자들이 비굴한 태도로 부자의 손에 입 맞춘다.

바로 이런 죄들이 예수님을 십자가에 못 박았다. 이런 어지러운 현상이 바로 성경이 '세상'이라고 부르는 것이다. 입으로 아무리 '영혼 사랑'을 외쳐도 행동이 따르지 않으면 결코 악(惡)을 선(善)으로 바꿀 수 없다.

오, 하나님! 높아지려는 유혹에서 저를 구하소서.
저에게 겸손한 마음을 주소서.
그리하시면 제가 충성스럽게 봉사할 것입니다.
저의 일이 아무리 미천하게 보일지라도 저는 개의치 않을 것입니다.
예수님 이름으로 기도합니다. 아멘.

05 인격 CHARACTER
진정한 위대함은 능력이나 지위가 아니라 인격이다

너희 중에는 그렇지 아니하니
너희 중에 누구든지 크고자 하는 자는 너희를 섬기는 자가 되고
너희 중에 누구든지 으뜸이 되고자 하는 자는
너희 종이 되어야 하리라
마태복음 20:26,27

하나님이 주시는 교훈의 핵심은 이것이다. 즉, 진정한 위대함은 능력이나 지위가 아니라 '인격'이라는 것이다. 진리를 보지 못하는 어리석은 사람들은 탁월한 능력이 인간을 위대하게 만든다고 생각했다. 현재 수많은 사람들이 또한 그렇게 믿고 있다. 사람들은 미술, 문학, 음악 또는 정치 분야에서 탁월한 능력을 소유하는 것 자체가 위대함의 증거라고 믿는다. 그리고 이런 능력의 소유자들을 환영하고 칭찬한다. 그러나 그리스도는 진정한 위대함이 이런 것들보다 더욱 깊은 것이라고 가르치셨고, 행동으로써 보여주셨다.

기독교 이전에 소수의 철학자들과 종교가(宗教家)

들이 사람들의 위대함의 개념이 잘못되었다는 것을 지적하였다. 그러나 위대함의 본질을 정확히 가르쳤을 뿐만 아니라 어떻게 위대함에 도달할 수 있는지를 몸소 보여준 분은 바로 그리스도이셨다. 그렇기 때문에 그분은 "너희 중에는 그렇지 아니하니 너희 중에 누구든지 크고자 하는 자는 너희를 섬기는 자가 되고 너희 중에 누구든지 으뜸이 되고자 하는 자는 너희 종이 되어야 하리라"(마 20:26,27)라고 당당히 말씀하실 수 있었던 것이다. 이런 주님의 말씀이 있기 때문에 위대함이 무엇인지를 깨닫는 것은 결코 어려운 일이 아니다. 단지 그것을 실천하는 것이 어려울 뿐이다.

주님! 주님의 '위대함'의 개념은
세상의 위대함의 철학과 정면으로 충돌합니다.
이런 진정한 위대함을 진심으로
원하는 마음을 저에게 불어넣어주소서.
그리하시면 제가 주님께 영광을 돌릴 것입니다.
예수님 이름으로 기도합니다. 아멘.

06 경건 GODLINESS
세상의 박수를 부러워하지 않는다

그 주인이 이르되 잘하였도다 착하고 충성된 종아
네가 작은 일에 충성하였으매 내가 많은 것을 네게 맡기리니
네 주인의 즐거움에 참예할지어다 하고
마태복음 25:21

30년 이상 목회 현장에서 살아온 나로서 한 가지 분명히 말할 수 있는 것이 있다. 그것은 경건한 사람들이 반드시 교회에서 지도적 위치에 있는 것은 아니라는 사실이다.

교회가 순수하다면, 교회가 성령으로 충만한 공동체라면, 교회가 신앙적 가치에 따라 운영된다면, 가장 순수하고 거룩한 사람들이 교회에서 가장 인정받고 높임을 받을 것이다. 하지만 현실은 오히려 정반대이다. 교인들은 나이가 지긋한 사람들이나 이미 죽은 사람들을 평가할 때에는 경건의 잣대로 판단하는 경향이 있다. 그러나 그 외에 다른 대부분의 사람들

을 평가할 때에는 경건이 판단의 잣대가 되지 못한다. 교인들은 최근에 회심했다고는 하지만 아직도 바람둥이 기질이 농후한 플레이보이에게 자리를 마련해주느라 경건한 사람들을 옆으로 밀어내고 있다.

지혜로운 그리스도인은 모든 것이 드러나는 심판의 날을 기다리는 것에 만족할 것이다. 종교인들의 인기 경쟁에서 소외된다 할지라도 그는 개의치 않을 것이다. 그는 자기가 누구를 기쁘게 해드리려는 것인지를 안다. 그는 세상 사람들이 자기에 대해 어떻게 생각하든 상관하지 않는다. 아무튼 그는 조만간 이 세상을 떠날 것이다. 이 세상을 떠나 그가 가게 될 곳에서는 사람들이 인기투표가 아닌 인격의 거룩함으로 평가받을 것이다.

오, 나의 하나님! 사람들이 저를 인정해주든 말든
제가 거룩한 인격을 만드는 데 집중하게 하소서.
예수님 이름으로 기도합니다. 아멘.

07 | 거룩 HOLINESS
거룩하게 되는 것은 하나님의 명령이요 요구이다

오직 너희를 부르신 거룩한 자처럼
너희도 모든 행실에 거룩한 자가 되라
기록하였으되 내가 거룩하니 너희도 거룩할지어다 하셨느니라
베드로전서 1:15,16

열린 마음으로 성경을 부지런히 공부하는 사람은 성경에서 한 가지 분명한 사실을 발견하고 충격을 받을 것이다. 그것은 하나님께서 개인의 거룩함을 매우 중요하게 여기신다는 사실이다.

현대의 그리스도인들이 거룩함에 대해 어떤 사고방식을 갖고 있는지를 알아내는 것은 그리 어려운 일이 아니다. 그들은 대부분 거룩함을 단지 '개인의 선택'의 문제로 간주한다. 그들은 "거룩함에 대해 나도 알아보고 생각해봤는데, 내가 고생하면서까지 거룩하게 되려고 노력할 필요는 없다고 결론 내렸습니다"라고 말한다.

그러나 사도들이 전해준 신앙을 계승했다고 주장하는 우리가 거룩함을 가르치는 그들의 교훈을 무시할 수는 없다. "거룩하라"는 것은 사도들의 교훈이지, 단지 교회가 강요하는 것은 아니다.

우리는 사도들의 거룩한 권위에 복종해야 한다. 우리가 거룩하신 하나님의 자녀이기 때문에 우리가 거룩하게 되는 것이 하나님의 명령이요, 요구이다. 바로 이것을 사도들이 우리에게 상기시켜주는 것이다. 어떤 사람들은 성화(聖化)의 교리를 심하게 공격하여 파괴하였다. 그러나 하나님은 자신의 순수하고 온유하고 인자한 영(靈)을 통해 "거룩하라"라고 가르치셨다. 그러므로 하나님을 기쁘게 해드리는 삶을 갈망하는 자들은 그분의 명령에 순종해야 한다.

오, 주여! 오늘 저를 강하게 하시고, 저와 동행하소서.
제가 주님의 임재를 늘 의식하며 살게 하소서.
주님의 마음을 아프게 해드리는 생각과 행동을 삼가게 하소서.
예수님 이름으로 기도합니다. 아멘.

08 담대함 BOLDNESS
Success
주 안에서 큰일을 도모하라

야베스가 이스라엘 하나님께 아뢰어 가로되
원컨대 주께서 내게 복을 더하사 나의 지경을 넓히시고
주의 손으로 나를 도우사 나로 환난을 벗어나
근심이 없게 하옵소서 하였더니
하나님이 그가 구하는 것을 허락하셨더라
역대상 4:10

심슨(Simpson)이 성공했다 하면 그것은 그야말로 대성공(大成功)이었다. 그가 실패했다 하면 그것 역시 대실패(大失敗)였다. 그는 그럴 수밖에 없는 사람이었다. 그처럼 통이 큰 사람들은 흥해도 크게 흥하고, 망해도 크게 망한다. 그들은 너무 높이, 너무 멀리 날기 때문에 도시용(都市用) 지도로는 방향을 잡을 수 없다. 비행 중에 그들은 "저게 무슨 거리이냐?"라고 묻지 않고 "저게 무슨 대륙이냐?"라고 묻는다. 만일 잠깐이라도 항로를 이탈한다면 그들은 목적지를 향해 가는 길에서 아주 많이 벗어나게 된다. 왜냐하면 그들의 비행기는 상상을 초월할 정도로 빨리 날기 때문이다. 자기 집의 정원 밖으로 나가본 적이 없는 사람들은 그들의 항로 이탈을 보며 "저것 봐라. 우리처럼 가만히 집에 있으면 저렇게 먼 거리를 헤맬 필요가 없지 않느냐?"라고 비웃을 것이다.

 그러나 역사(歷史)를 보라. 이런 비판자들은 지금 어디에 있는가? 그들은 아무 흔적조차 없이 사라져버렸다. 역사는 그들의 이름을 기억하려고 신경 쓸 시간이 없다. 역사는 자기의 관심을 끄는 사람들의 큰 성공과 큰 실패를 기록하기도 바쁘다.

오, 주여! 주님을 위해 큰일을 추진할 수 있는 담대함을 저에게 주소서.
제가 크게 성공할지 크게 실패할지 모르지만,
성공과 실패를 모두 주님의 손에 맡깁니다.
예수님 이름으로 기도합니다-. 아멘.

09 분별 DISCERNMENT
중요한 것과 사소한 것을 지혜롭게 분별하라

너희로 지극히 선한 것을 분별하며 또 진실하여
허물 없이 그리스도의 날까지 이르고
예수 그리스도로 말미암아 의의 열매가 가득하여
하나님의 영광과 찬송이 되게 하시기를 구하노라
빌립보서 1:10,11

누구나 살다보면 정말 기본적이고 중요한 것들이 있다는 것을 알게 될 것이다. 예를 들어 큰 건물의 경우에는 건물 전체를 떠받치는 기둥이 가장 기본적이고 중요한 것이다. 지혜로운 사람의 생활은 단순할 수밖에 없는데, 왜냐하면 중요한 것에 집중하고 나머지 사소한 것들에는 크게 신경 쓰지 않기 때문이다.

우리는 짜증스러울 정도로 복잡한 현대 문명사회 속에서 살아간다. 그러므로 중요한 것과 그렇지 않은 것을 지혜롭게 구별하지 않으면 인생의 실패자가 될 수 있다. 사소한 것들을 중요한 것이라고 착각하고 거기에 매달리다보면 파멸을 자초할 수 있다. 왜냐하면 '사소한 것들의 홍수(洪水)'에 빠져 죽을 것이기 때문이다. 지금 사소한 것들이 당신을 둘러싸고 있는가? 만일 그렇다면 그것들이 당신의 몸과 마음을 압사(壓死)시키기 전에 빨리 빠져나오라.

　복음을 위해 전문적으로 일하는 사람들은 물론이고 일반 신자들도 자기가 중요한 것들에 집중할 것인지 사소한 것들에 집중할 것인지를 결정해야 한다. 우리는 성경의 중심적 진리들을 굳게 붙들 것인지, 아니면 언제나 분열을 일으키는 주변적 교리들에 매달릴 것인지를 결정해야 한다. 이런 주변적 교리들은 우리가 천국을 향해 나아가는 데 별로 도움이 되지 않는다.

오, 하나님! 날마다 우리를 사소한 것들에서 구하소서.
우리가 1분 1초를 오직 중요한 것들에만 사용하도록 도우소서.
예수님 이름으로 기도합니다. 아멘.

10 Success · 자존감 SELF-RESPECT

모든 그리스도인은 하나님 보시기에 귀중한 존재이다

하나님이여 주의 생각이 내게 어찌 그리 보배로우신지요
그 수가 어찌 그리 많은지요
내가 세려고 할지라도 그 수가 모래보다 많도소이다
내가 깰 때에도 여전히 주와 함께 있나이다
시편 139:17,18

하나님의 아들을 만나기 전에는 아무리 미천한 사람이라 할지라도 일단 그분을 만난 다음부터는 존귀한 존재가 된다. 주님이 어떤 사람에게 손을 얹으시면, 그 순간부터 그는 더 이상 평범한 사람이 아니다. 그는 즉시 비범한 존재가 되며, 그의 존재는 우주적 차원에서 중대한 의미를 갖게 된다. 하늘의 천사들이 그를 주목하며, 그를 섬기게 된다(히 1:14). 전에 그는 모래알처럼 많은 무명의 무리 중 한 사람이요, 우주의 하찮은 존재요, 광대무변(廣大無邊)한 우주를 떠다니는 보이지 않는 먼지였다. 그러나 이제 그는 하나님의 큰 계획의 한 부분을 차지하는 귀중한 존재이다. 목자 되신 그리스도께서는 자신의 양들의 이름까지 일일이 다 아신다.

언젠가 한 젊은 목사가 대도시의 대형교회 목회자에게 "저는 시골의 작은 교회의 목회자입니다"라고 자신을 소개했다. 그러자 지혜로운 대형교회 목회자는 "작은 교회는 없습니다"라고 말했다. 이와 마찬가지로, 작은 그리스도인은 없다. 미천한 하나님의 자녀는 없다. 모든 그리스도인은 하나님이 보시기에 귀중한 존재이다. 예수님이 누군가를 수많은 무리 가운데 불러내어 자기의 것으로 삼으신다면, 그 순간부터 무명의 존재가 유명한 존재가 되는 것이다.

주님! 자신이 미천한 존재라고 생각하는
그리스도인들을 위해 기도합니다.
주님이 그들에게 얼마나 많은 관심을 갖고 계신지를
그들이 깨닫게 하소서.
예수님 이름으로 기도합니다. 아멘.

11 Success · 확신 CONFIDENCE
당신이 용서받았다는 사실을 확신하라

만일 우리가 우리 죄를 자백하면 그는 미쁘시고 의로우사
우리 죄를 사하시며 모든 불의에서 우리를 깨끗케 하실 것이요
요한일서 1:9

당신은 사탄이 당신의 과거의 영적인 실패를 자꾸 생각나게 하도록 용인하는가? 사탄에게 저항하면서, 믿음으로 밀고 나가라. 그렇게 하지 않으면, 사탄은 당신의 과거의 영적인 실패를 물고 늘어지며 끊임없이 공격할 것이다.

사탄은 "너는 더 깊은 영적 삶을 향해 별로 전진하지 않았어"라고 속삭인다. 그리고 "너는 성령으로 충만하겠다고 결심하고 법석을 떨었지만, 결국 보기 좋게 실패한 거야"라고 비아냥거린다. 또한 "네가 신앙적 문제에서 넘어진 적이 어디 한두 번이냐?"라고 질타한다.

결국 사탄은 당신이 낙심, 양심의 가책 그리고 분노 속에서 살아가기를 원한다.

분명히 기억하라. 성경은 "넘어진 사람은 다시 일어날 수 없다"라고 가르치지 않는다는 것을! 중요한 것은 당신이 '넘어졌다'는 사실이 아니라, 당신이 '용서받았다'는 사실이다. 그러므로 하나님께서 당신을 일으켜 세우시도록 하나님께 당신의 모든 것을 맡겨버리라.

아버지여! 요한일서 1장 9절의 놀라운 진리로 인하여
저는 오늘도 아버지를 경배하며 찬양합니다.
예수님 이름으로 기도합니다- 아멘.

12 Success — 기쁨 JOY
하나님의 은혜 안에서 즐거워하라

그런즉 누구든지 그리스도 안에 있으면 새로운 피조물이라
이전 것은 지나갔으니 보라 새것이 되었도다
고린도후서 5:17

교회에서 종종 우리는 "일어나라! 내 영혼아, 일어나라! 죄의식과 두려움을 떨쳐버려라"라고 찬송을 부른다. 그러나 우리에게는 아무 변화도 일어나지 않는다. 우리는 계속 두려움에 사로잡혀 있다. 우리는 한편으로는 우리의 죄가 사라졌다고 주장하면서도, 또 한편으로는 우리의 죄가 사라지지 않은 것처럼 행동한다. 도대체 왜 이런 일이 벌어지는가?

우리는 우주의 최고 법정에서 이미 '무죄 판결'을 받은 사람들이다. 그런데도 열심히 하나님을 찾는 정직한 그리스도인들 중에 여전히 과거의 죄의 속박에서 벗어나지 못하는 사람들이 있다. 그들이 좀 더 속

력을 내어 앞으로 전진하려고 할 때마다 사탄은 그들의 다리를 붙잡는다. 사탄은 과거의 죄를 물고 늘어져서 그들을 계속 두려움 속에 가두어둔다.

성경이 가르치는 하나님의 은혜가 무엇인가? 하나님이 어떤 사람을 용서하시면, 그분은 그가 죄를 전혀 범하지 않은 사람처럼 간주하신다. 우리가 믿음으로 그분의 자녀가 되었을 때 그분은 우리에 대해 마음속으로 유보적 태도를 취하지 않으셨다. 우리의 죄를 용서하실 때 그분은 "이 사람은 과거에 죄를 범한 적이 있으므로 앞으로 좀 더 지켜봐야 할 것이다"라고 생각하지 않으신다. 우리의 죄를 용서하신 후 그분은 완전히 새롭게 시작하신다. 마치 우리에게 과거라는 것이 전혀 존재하지 않았던 것처럼! 우리가 이 은혜 안에서 즐거워하는 것이 하나님의 뜻이다.

아버지여! 감사합니다. 죄사함과 자유를 주신 것을 감사합니다.
이제 저에게 과거는 없습니다.
오늘 저는 기쁨으로 아버지를 경배합니다.
예수님 이름으로 기도합니다. 아멘.

13 Success | 자유함 FREEDOM
과거의 실수로 현재를 마비시키지 말라

이는 하늘이 땅에서 높음 같이 그를 경외하는 자에게
그의 인자하심이 크심이로다
동이 서에서 먼 것 같이
우리의 죄과를 우리에게서 멀리 옮기셨으며
시편 103:11,12

과거의 실수가 지금 당신의 마음을 얼어붙게 만들어서는 안 된다. 불행하게도 어떤 그리스도인들은 과거의 실수 때문에 현재를 망친다. 과거의 언젠가 당신의 영적 생활은 너무나 밝고 아름다웠지만, 그후 당신은 비극적 실수를 저질렀다. 눈물의 기도를 통해 실수에서 벗어났지만, 그 실수의 참담한 결과에서는 아직 벗어나지 못했다. 당신이 당한 억울한 일, 당신의 과거의 실수, 성공을 확신했지만 결국 또 다시 찾아온 실패, 현재의 죄, 현재 낙심되는 일, 이런 것들은 단지 심리적인 문제에 그치지 않는다. 이런 것들은 당신의 잠재의식에서 작용한다. 이런 것들 때문에 우리는 믿음을 갖지 못한다.

이제 나는 당신에게 이런 것들을 잠재의식에서 몰아내라고 간곡하게 권한다. 그렇게 하면 불신앙에 빠지지 않을 것이다. 나는 전능하신 하나님이 당신을 구해주실 것이라고 믿는다.

주님! 주님을 섬기는 동역자들 중에는
과거에서 벗어나야 할 필요가 있는 사람들도 있습니다.
그들의 생각과 잠재의식에서 부정적 과거를 깨끗이 제거해주소서.
예수님 이름으로 기도합니다. 아멘.

14 실패의 교훈 LEARNING FROM FAILURE
실패의 학교에서 배우라

아비가 자식을 불쌍히 여김 같이
여호와께서 자기를 경외하는 자를 불쌍히 여기시나니
이는 저가 우리의 체질을 아시며 우리가 진토임을 기억하심이로다
시편 103:13,14

우리는 우리 안에 거하시는 성령님을 통해 무한한 능력을 받을 수 있다. 그런데도 그리스도인으로서 그다지 고상하게 행동하지 못할 때가 많다. 그러나 하나님의 은총은 우리의 이런 부끄러운 과거를 '실패의 학교'로 바꾸어주실 수 있다. 성령님이 주시는 지혜를 통해 깨달은 사람은 자신의 실패뿐만 아니라 심지어 자신의 죄에서도 교훈을 얻을 수 있다. 그가 죄를 뉘우치고 하나님을 의지한다면, 앞으로는 더욱 훌륭한 사람이 될 수 있다. 그러나 그렇게 하려면 과거의 어리석음으로 돌아가서는 안 된다. 회개는 철저해야 한다. 페넬롱이 말했듯이, 최고의 회개는 과거의 잘

못을 다시 범하지 않는 것이다.

로렌스 형제(Brother Lawrence, 1611~1691. 파리의 갈멜회에 평수사로 가입하여 식당 일을 하였으며, '하나님과 동행하는 사람'이라는 평을 받았다)는 "나는 실수하여 넘어지면 즉시 하나님께 돌아가 '오, 주여! 저를 그냥 내버려두시면, 이렇게 실패할 수밖에 없습니다'라고 기도합니다"라고 말했다. 이것이야말로 최고의 도덕적 지혜가 아니겠는가! 이렇게 기도한 후 그는 하나님의 용서를 받아들이고, 그분께 감사하고, 자신의 죄에 대해 더 이상 신경 쓰지 않았다.

오, 주여! 우리 중 어떤 사람들은
'실패의 학교'에서 학위를 받고 졸업했습니다.
우리의 실패로부터 배우게 하소서.
그리스도의 용서를 받아들이고 앞으로 전진하게 하소서.
오늘 우리에게 필요한 승리를 허락하소서.
예수님 이름으로 기도합니다. 아멘.

15 Success | **실패할 각오** WILL TO FAIL

실패할 각오를 하지 않는 사람은 성공할 수 없다

우리가 우리를 전파하는 것이 아니라
오직 그리스도 예수의 주 되신 것과 또 예수를 위하여
우리가 너희의 종 된 것을 전파함이라
고린도후서 4:5

겉으로 보기에 우리 주님은 실패자로 죽으신 것처럼 보인다. 당시 기성 종교의 지도자들은 그분을 불신했고, 세상 사람들은 그분을 거부했고, 그분의 친구들은 그분을 버렸다. 이런 상태에서 돌아가신 것이 그분을 실패자로 보이게 만들었다. 그리스도의 죽음은 빌라도에게는 승리를, 그리스도에게는 패배를 의미하는 듯했다. 이런 상황을 뒤집을 수 있는 것은 오직 그분의 부활뿐이었다. 결국 그분은 영광스러운 승리자로, 빌라도는 비극적인 패배자로 판명되었다.

그러나 이렇게 역사의 교훈이 자명하건만, 현대 교회는 아무것도 배운 것이 없는 것 같다. 우리는 아직도 사람들이 보는 것만을 보고, 그들이 판단하는 대로 판단한다. 사람들이 교회 일을 아주 열심히 하지만, 그것이 자신의 지위를 유지하려는 동기에서 비롯된 경우가 너무나 많다. 사람들이 오랜 시간 기도하지만, 인간에게 영광을 돌리는 데 초점을 맞춘 사업 위에 하나님의 복이 임하기를 간구한다. 사람들이 울음 섞인 목소리로 간절히 도움을 청하지만, 그렇게 해서 모인 돈이 인간의 영광을 드러내는 데 낭비된다.

그리스도인이라면 이런 모든 것에서 돌아서야 한다. 특히 복음을 전하기 위해 일한다는 사람들은 자기들이 어떤 동기에서 일하는지를 깊이 살펴야 한다. 실패할 각오를 하지 않은 사람은 성공할 수 없다. 성공의 영광이 하나님의 뜻에 따라 다른 사람에게 돌아가는 것을 기꺼이 받아들일 준비가 된 사람만이 성공을 거둘 자격이 있다.

주여! 간절히 구하오니 우리를 교만에서 구하소서.
예수님 이름으로 기도합니다. 아멘.

16 Success | 기대 EXPECTATION
감히 실패할 수 있는 믿음을 기대하라

그러므로 때가 이르기 전
곧 주께서 오시기까지 아무것도 판단치 말라
그가 어둠에 감추인 것들을 드러내고 마음의 뜻을 나타내시리니
그 때에 각 사람에게 하나님께로부터 칭찬이 있으리라
고린도전서 4:5

하나님은, 성공하지 못해도 얼마든지 행복할 수 있을 정도로 성숙한 사람에게 성공을 허락하신다. 성공하면 우쭐하고 실패하면 낙심하는 사람은 아직도 육신적 사람이다. 이런 사람이 열매를 맺는다 해도 그 열매 안에는 벌레가 들어 있을 것이다.

성공했다고 해서 하나님과 사람들에게 더욱 사랑스럽고 귀중한 존재가 되는 것은 아니라는 것을 배운 사람에게 하나님은 성공을 허락하실 것이다. 우리가 많은 청중을 끌어모으고 결신자를 만들고 선교사를 파송하고 성경을 보급했다고 해서 하나님의 은혜를 받을 자격을 얻는 것은 아니다. 우리는 성령님의 도

움 없이 단지 인간적인 노력으로 이런 일들을 해낼 수도 있다. 성령님을 의지하지 않는 사람도 자기의 인격을 도야하고 인간의 본성을 잘 파악하면 종교 지도자로서 크게 성공할 수도 있다.

그리스도를 따르다 보면 세상적으로는 실패할 수도 있다. 믿음은 감히 실패할 수 있다. 중요한 것은 지금 누가 성공하고 누가 실패하느냐가 아니다. 진정한 성공과 진정한 실패는 부활 후 심판 때에 드러날 것이다. 우리는 기다릴 수 있다. 믿음이 있는 자는 그때까지 기다릴 수 있다.

아버지시여! 오늘도 제가 아버지께 충성하게 하소서.
제가 세상 사람들의 눈에 성공한 사람으로 보이지 않아도 좋습니다.
저는 심판 날까지 기다릴 것입니다.
예수님 이름으로 기도합니다. 아멘.

17 Success | 진정한 가치 TRUE VALUE
세상 가치관을 뒤집어라

예수께서 이르시되 너희는 사람 앞에서 스스로 옳다 하는 자이나
너희 마음을 하나님께서 아시나니
사람 중에 높임을 받는 그것은 하나님 앞에 미움을 받는 것이니라
누가복음 16:15

하나님이 보시기에 크기(size)는 중요하지 않다. 그분은 질(質)을 아주 중요하게 여기신다. 크기와 질이 충돌할 때 크기는 아무것도 아니고, 질이 전부이다.

도덕적으로 타락한 인간은 눈이 흐려지고 생각이 혼미해졌기 때문에 망상에 빠지기 쉽다. 이 사실을 보여주는 증거들 중 하나는 인간의 가치관이 거꾸로 되어 질보다 크기를 더 높이 평가하는 불치병에 빠진 것이다. 이것은 가치의 전도(顚倒)이다! 가치관이 뒤집어진 것이다. 뒤집어진 가치관을 다시 뒤집는 것이 기독교이다. 하지만 딱하게도, 현재 심지어 그리스도인들조차 타락한 아담의 가치관에 따라 판단하는 경

향이 있다. "얼마나 크냐? 얼마나 많으냐?" 그리스도인들조차 기독교와 관련된 것들을 평가할 때 이런 질문들을 너무나 자주 던진다.

기독교는 정말 중요한 것에 집중하는 종교이다. 중요한 것은 질이다! 우리는 크기에 현혹되어 판단을 흐리는 일을 용인해서는 안 된다.

주여! '외형적 성공'과 '크기'에서
세상의 가치기준을 따라가지 못하는 것 때문에
낙심한 모든 그리스도인들을 위로해주소서.
예수님 이름으로 기도합니다. 아멘.

18 Success | 양보다 질 QUALITY THAN QUANTITY
하나님 말씀은 '양'을 부정하고 '질'을 강조한다

이러므로 제자 중에 많이 물러가고
다시 그와 함께 다니지 아니하더라
요한복음 6:66

현대 문명의 최대 약점은 질(質)보다 양(量)을 추구하는 것이다. 지금 나의 이 말을 이해하지 못하는 사람이 있는가? 그렇다면 시간이 흐르면 이해하게 될 것이다.

현재 기독교는 타락한 가치관의 어두운 그림자 아래에서 살고 있다. 그 이유는 무엇인가? 남들에게 강한 인상을 주어 주목을 받으려는 그리스도인들, 뜬 구름처럼 흘러가는 인기를 붙잡으려고 발버둥치는 신자들 그리고 연예계나 스포츠계의 스타들과 어깨를 나란히 하고 싶어 안달이 난 목회자들 때문이 아니겠는가?

이런 현상은 성경의 교훈과는 너무나 동떨어진 것

이기 때문에 우리는 "성경을 사랑한다는 그리스도인들이 어떻게 세상의 썩은 가치관에 물들어 살아가는가?"라고 묻지 않을 수 없다. 하나님의 말씀은 크기와 양(量)을 철저히 부정하고 오직 질(質)만을 강조한다. 예수님 당시 수많은 무리가 그분을 따랐지만, 그분은 그들이 원하는 것을 주신 다음에는 조용히 그들에게서 돌아서 소수의 선택받은 제자들에게 그분의 영원한 진리를 심어주셨다.

성공지상주의(成功至上主義)가 난무하는 현대사회에서 교회들은 끊임없이 유혹에 시달린다. 그 유혹이란 어떤 대가를 치르더라도 외형적으로 교회를 크게 만들려는 유혹이다. 또한 정상적인 성장을 통해 얻을 수 없는 것을 뻥튀기를 통해 얻으려는 유혹이다. 그런 유혹을 과감히 물리쳐야 한다.

오, 주여! 우리의 눈을 열어
주님의 성공의 기준과 주님의 실패의 기준을 보게 하소서.
주님의 눈으로 우리의 성공과 실패를 판단하여 용기를 얻게 하소서.
예수님 이름으로 기도합니다. 아멘.

19 협력 COOPERATION
경쟁하지 말고 협력하라

> 그는 몸인 교회의 머리라 그가 근본이요
> 죽은 자들 가운데서 먼저 나신 자니
> 이는 친히 만물의 으뜸이 되려 하심이요
> **골로새서 1:18**

하나님의 사람들은 경쟁자가 아니라 동역자이다. 성령님이 내주(內住)하시는 교회가 경쟁심을 품는다는 것은 있을 수 없는 일이다. 어떤 교회가 다른 교회와 경쟁한다면, 그 순간부터 그 교회는 하나님의 참교회가 아니다. 그 교회는 교회의 본질을 잃어버리고 저급한 수준으로 떨어진 것이다. 이런 교회에는 성령님이 계시지 않다고 말할 수 있다. 이런 교회의 활동은 성령님이 함께하시지 않는 단지 인간들의 활동일 뿐이다.

성령님은 교회의 지체들 안에서 일하신다. 성령님의 인도를 받는 몸은 경쟁 때문에 분열되지 않는다.

다양한 지체들의 야망은 머리 되시는 그리스도의 영광을 위해 죽어야 한다. 지체들은 그리스도의 영광을 드러내는 것이라면 무엇이든지 열렬히 받아들여야 한다.

지체들은 서로 간의 경쟁심을 죽이고 협동심을 길러야 한다. 우리는 마음을 합하여 함께 일할 수 있게 해달라고 하나님께 기도해야 한다. 우리는 우리가 동일한 한 몸의 지체들이라고 생각하는 습관을 길러야 한다. 그리고 우리는 하나님나라의 선한 세력을 분열시키려는 원수의 모든 간계를 단호히 거부해야 한다.

주여! 남과 경쟁하고 남과 비교한 우리의 죄를 용서하소서.
우리 마음에서 경쟁심을 없애주시고 대신 협동심을 심어주소서.
우리 모두는 동역자입니다.
우리의 모든 노력이 오직 머리 되시는 그리스도의
영광을 높이게 하소서.
예수님 이름으로 기도합니다. 아멘.

20 Success 영혼의 가치 VALUE OF SOUL
'숫자'는 결코 영혼의 가치를 판단하는 잣대가 될 수 없다

만일 누구든지 금이나 은이나 보석이나 나무나 풀이나
짚으로 이 터 위에 세우면 각각 공력이 나타날 터인데
그 날이 공력을 밝히리니 이는 불로 나타내고
그 불이 각 사람의 공력이 어떠한 것을 시험할 것임이니라
고린도전서 3:12,13

오늘날 교회와 기독교 단체들은 양(量)을 강조하면서 질(質)을 희생시키는 것 같다. 야망으로 가득한 교회들은 양적으로 급성장하는 교회를 노골적으로 부러워하면서 모방하려고 애쓴다.

오늘날 기독교에는 라오디게아 교인들을 닮은 사람들이 넘친다. '숫자'라는 여신(女神)을 열렬히 숭배하는 그들은 교회와 관련된 모든 것을 이 여신 앞으로 끌어다가 심판을 받게 한다. 이 여신의 구약은 재정보고서이고, 신약은 교인 명부이다. 그녀는 누가 어떤 문제를 제기하든 그녀의 신구약을 들이대면서 끝까지 우긴다. 그녀는 재정보고서와 교인 명부가 교

회의 영적 성장을 재는 잣대라고 주장한다. 교회의 모든 계획과 노력의 성공과 실패를 판단하는 척도 역시 그녀의 신구약이다.

'숫자'라는 여신의 숭배는 일종의 이단이다. 숫자는 결코 영적인 것을 판단하는 잣대가 될 수 없다. 숫자 앞에 무릎을 꿇는 것은 외형주의(外形主義)에 굴복하는 것이다. 또한 그것은 육체의 가치보다 영혼의 가치를 더 높이신 주님의 깊은 뜻을 부정하는 것이다. 그러나 우리의 현실은 어떤가? 목회자와 평신도들 모두 날마다 숫자로 모든 것을 판단하지 않는가? 그러나 안타깝게도, 이런 현상이 아주 위험하고 잘못된 것임을 깨닫는 사람은 거의 없다.

오, 우리 주여! 우리가 잘못을 깨닫게 하소서.
우리를 용서하소서. 그리고 우리를 구하소서.
예수님 이름으로 기도합니다. 아멘.

21 동기 MOTIVE
하나님은 일의 결과보다 동기를 보신다

> 종들아 모든 일에 육신의 상전들에게 순종하되
> 사람을 기쁘게 하는 자와 같이 눈가림만 하지 말고
> 오직 주를 두려워하여 성실한 마음으로 하라
> 무슨 일을 하든지 마음을 다하여 주께 하듯 하고
> 사람에게 하듯 하지 말라 이는 유업의 상을 주께 받을 줄 앎이니
> 너희는 주 그리스도를 섬기느니라
> 골로새서 3:22-24

생각이 깊은 그리스도인은 때때로 "내가 과연 최선을 다해 하나님을 섬기고 있는가?"라고 자신에게 물을 것이다. 심지어 그는 때때로 "나의 수고가 아무 열매도 맺지 못하기 때문에 내가 인생을 헛사는 것이 아닌가?"라는 의심과 두려움에 빠질 수도 있다.

역사적으로 교회는 "여러 봉사들은 하나님이 기뻐하시는 일들이다"라고 규정해왔는데, 대부분의 경우 교회의 견해가 옳았다. 그러나 명심해야 할 중요한 진리가 있다. 어떤 일이 진정한 봉사가 되도록 만드는 것은 일의 종류나 양(量)이 아니라 질(質)이다.

그리스도의 심판대 앞에서 숫자나 규모에 대한 이

야기는 쏙 들어갈 것이다. 그분 앞에서는 오직 도덕적 질(質)이 문제가 될 것이다.

우리의 끊임없는 노력과 수고에 대해 하나님이 어떤 평가를 내리시는지를 안다면, 우리는 충격을 받을 것이다. 그러나 그분이 무엇보다도 우리의 봉사의 질을 문제 삼으신다는 것을 안다면, 우리는 더 큰 충격을 받을 것이다. 우리의 봉사가 원하는 바의 목적을 달성하고 열매를 맺는 것처럼 보일지라도 그분이 우리의 봉사를 받지 않으실 수도 있다. 그분이 보시는 것은 인간들이 보는 것과 다르다.

신앙적 봉사에서는 '봉사를 하는 동기(動機)'가 전부이다. 동기에 따라 어떤 봉사는 '죽은 봉사'가 되고, 또 어떤 봉사는 '산 봉사'가 된다.

주여! "그리스도의 심판대 앞에서
숫자나 규모에 대한 이야기는 들리지 않고,
오직 도덕적 질(質)에 대한 이야기만 나올 것이다"라는 말씀을
제가 잊지 않게 하소서.
예수님 이름으로 기도합니다. 아멘.

22 Success 조용한 영웅 QUIET HERO
하나님은 인기 사냥꾼 대신 조용한 영웅을 찾으신다

> 온유한 자는 복이 있나니 저희가 땅을 기업으로 받을 것임이요…
> 마음이 청결한 자는 복이 있나니 저희가 하나님을 볼 것임이요
> **마태복음 5:5,8**

이 시대에 영웅이라고 일컬어지는 사람들 중 대부분이 실상 얼마나 형편없는 사람들인지 알고 싶다면 그들의 면면을 살펴보라. 그들은 얼굴에 철판을 깔고 밀어붙여서 혹은 운이 아주 좋아서 현재의 자리에 오른 자들이다. 우리는 그들에게서 눈길을 돌린 다음 심히 낙심이 되어 "인류가 배출한 영웅이란 자들이 고작 이 꼴인가?"라고 한탄할 것이다. 그러나 계속 낙심하지는 말라. 우리가 알고 있는 평범한 사람들을 머리에 떠올릴 때 이런 한탄은 아침 안개처럼 사라질 것이다. 누구도 이런 평범한 사람들의 도래(到來)를 알리지 않고, 그들을 기념하지도 않는다. 그러나 그

들은 이 나라에서 높은 자리를 너무 많이 차지하고 있는 허풍선이들보다 훨씬 고결한 성품을 갖고 있다.

교회도 사이비 영웅들 때문에 아주 피곤하다. 목소리 큰 자들과 얼굴이 많이 알려진 자들이 가장 훌륭한 교인으로 통하는 상황이 교회에서 벌어지고 있다. 그리스도인들조차 '인기 있는 교인'을 '신앙 좋은 교인'으로 착각하는 잘못을 범한다. 신자들은 온유한 자들보다는 주제넘게 나서기를 좋아하는 자들을, 애통하는 자들보다는 의기양양한 자들을 더 높이 평가한다. 마음이 깨끗하여 하나님을 볼 수 있는 자들보다는 '인기 사냥꾼'이 되어 신문의 1면 머릿기사를 장식하는 자들이 교회에서 더 대접받고 있다. 이 얼마나 통탄스러운 일인가! 그러나 명심하라. 하나님은 조용한 영웅들을 찾으신다는 것을!

주여! 무명의 충성스러운 성도들에 대해 감사합니다.
'조용한 영웅들'과 그들의 숨은 봉사로 인해 감사합니다.
오늘 그들을 위로하시고 그들에게 힘을 주소서.
예수님 이름으로 기도합니다. 아멘.

23 Success | 영원 EVERLASTING
'순간'에 현혹되지 말고 '영원'을 바라보아야 한다

인생은 그 날이 풀과 같으며 그 영화가 들의 꽃과 같도다
그것은 바람이 지나면 없어지나니
그곳이 다시 알지 못하거니와
여호와의 인자하심은 자기를 경외하는 자에게
영원부터 영원까지 이르며 그의 의는 자손의 자손에게 미치리니
시편 103:15-17

그리스도를 따르는 우리에게는 '영원'이 있다. 그러므로 우리는 덧없이 지나가는 세상의 이 '순간'을 믿어서는 안 된다. 우리는 잠깐 있다가 영원히 사라질 가치들로 우리를 현혹하는 사탄의 은밀한 접근을 차단해야 한다. 이 '순간'의 것들이 아무리 오래 지속되는 것 같아도 언젠가는 영원히 사라질 것이다. 우리는 '영원'이 아니면 만족하지 않는다. 이 세상에서 잠깐이라도 양지 바른 곳을 차지하려고 아귀다툼을 벌이는 세상은 우리의 쓴웃음을 자아낸다.

이제 교회는 다시 '영원'을 바라보아야 한다. 왜냐하면 하나님이 교회에게 허락하신 무한한 복은 바로

'영원' 속에 묻혀 있기 때문이다. 교회는 길게 보아야 한다. 현재에 매몰되어서는 안 된다. 교회는 숫자나 세는 짓을 중단하고, 자신이 지금 어떤 기초 위에 서 있는지를 확인해야 한다. 교회는 당장 눈앞에 보이는 것을 위해 동분서주하지 말고, 영원히 남는 것을 위해 헌신해야 한다.

그리스도인들은 하나님께서 '영원'의 도장을 찍어 놓으신 것들에 주목해야 한다. 현재의 유행을 좇는 인기 있는 교회는 요란한 소리를 내며 흐르는 얕은 시냇물에 비유될 수 있다. 반면 '영원'을 생각하는 교회는 깊은 대양(大洋)과 같다. 시냇물은 최근의 소나기에 아무 영향을 받지 않는 대양이 너무 조용하고 재미없다고 불평할 것이다. 하지만 '영원'의 큰 배를 띄울 수 있는 곳은 대양뿐이다.

주님! 제가 늘 영원을 의식하며 살 수 있게 도우소서.
예수님 이름으로 기도합니다. 아멘.

24 오직 하나님 ONLY GOD
마음의 눈을 들어 하나님만 바라보라

하갈이 자기에게 이르신 여호와의 이름을
감찰하시는 하나님이라 하였으니
이는 내가 어떻게 여기서
나를 감찰하시는 하나님을 뵈었는고 함이라
창세기 16:13

믿음은 모든 덕(德)들 중에서 가장 겸손한 덕이다. 본질적으로 믿음은 자기의 존재를 거의 의식하지 않는다. 눈은 자기 앞에 놓인 만물을 볼 수 있지만, 자신을 보지는 않는다. 이와 마찬가지로 믿음도 '믿음의 대상'에 집중하지만, 자기 자신에게는 관심을 갖지 않는다. 하나님을 바라보는 동안 우리는 우리 자신을 보지 않는다. 이것은 아주 복된 일이다. 자신을 깨끗하게 하려고 끊임없이 노력했지만 계속 실패한 사람은 자기의 영혼을 고치려는 어설픈 수고를 중단하고 '완전한 분'을 바라볼 때 진정한 평안을 얻을 수 있다. 그가 그리스도를 바라본다면, 그가 그토록 오랫

동안 이루려고 발버둥친 것들이 그의 안에서 이루어질 것이다. 왜냐하면 하나님께서 그의 안에서 의지를 갖고 행하시기 때문이다.

우리가 마음의 눈을 들어 하나님을 바라볼 때 우리의 눈길과 그분의 사랑의 눈길이 서로 마주칠 것이다. 왜냐하면 그분의 눈은 온 땅을 두루 살피시기 때문이다. 이런 복된 체험을 한 하갈은 자기에게 말씀하신 하나님을 "감찰하시는 하나님"(창 16:13)이라고 불렀다. 우리 영혼의 눈길과 하나님의 사랑의 눈길이 마주치는 순간 바로 이 땅에서 천국이 시작된다.

주님! 저의 눈이 주님만을 바라보게 하소서.
실패만을 거듭하는 저의 어설픈 노력을 중단하게 하소서.
저를 고칠 수 있는 분은 오직 주님이십니다.
저는 주님의 사랑의 눈길에만 집중하겠사오니
저에게 승리를 허락하소서
예수님 이름으로 기도합니다. 아멘.

25 주님의 임재 LORD'S PRESENCE

세상을 다 준다 해도 주님의 임재를 포기하지 않는다

> 몸을 돌이켜 나더러 말한 음성을 알아보려고 하여 돌이킬 때에
> 일곱 금 촛대를 보았는데
> 촛대 사이에 인자 같은 이가 발에 끌리는 옷을 입고
> 가슴에 금띠를 띠고
> **요한계시록 1:12,13**

오늘날 무엇이 교회를 교회답게 만드는가? 등록 교인의 수, 예배 참석자의 수, 목회자의 학벌과 인물, 헌금 액수 등이 교회를 교회답게 만든다고 생각하는 사람들이 많다. 그러나 교회를 진정 교회답게 만드는 것은 오직 하나이다. 그것은 우리의 주님이 교회에 임하셔서 그 가운데 행하시는 것이다.

주님은 교회의 크기나 교인들의 사회적 지위에는 관심이 없으시다. 그분은 교회에서 오직 그분의 임재만이 드러나기를 원하신다. 그러므로 이 세상을 다 준다 해도 나는 '교회 안의 그리스도의 임재'를 포기하지 않을 것이다.

교회는 그리스도의 임재와 성령님의 조명(照明)을 가장 소중히 여겨야 한다. 왜냐하면 그리스도는 왕이요, 제사장이요, 선지자이시기 때문이다. 많은 사람들은 "더 많이 배운 사람, 더 유명한 사람이 우리 교회에 와서 설교하면 얼마나 좋을까! 더 탁월한 사람들이 기독교 지도자로 일하면 얼마나 좋을까!"라고 말하며 탄식한다. 그러나 우리는 이런 사람들처럼 착각에 빠져서는 안 된다. 교회를 살리는 것은 인간의 위대함이 아니라 그리스도의 임재이다.

오, 주여! 저로 하여금 "이 세상을 다 준다 해도
'교회 안의 그리스도의 임재'를 포기하지 않겠다"라고
진심으로 말하게 하소서.
그리고 이 말에 책임을 지게 하소서.
예수님 이름으로 기도합니다. 아멘.

26 Success · 견고한 뿌리 SOLID ROOTS

뿌리 깊은 교회는
절대 흔들리지 않는다

우리는 수다한 사람과 같이
하나님의 말씀을 혼잡하게 하지 아니하고
곧 순전함으로 하나님께 받은 것 같이
하나님 앞에서와 그리스도 안에서 말하노라
고린도후서 2:17

오늘날의 기독교를 무엇에 비유하면 좋을까? 나무에서 잘려서 떨어진 나뭇가지가 제철이 되자 열매를 맺으려고 잠깐 발버둥치는 것에 비유될 수 있을 것이다. 잘려진 가지가 아무리 발버둥쳐도 열매를 맺을 수 없다는 것이 심오한 생명의 법칙이다. 오늘날 기독교는 겉으로 보이는 것들에 치중하고 참된 영적 생명의 '보이지 않는 뿌리'를 소홀히 한다. 우리는 다음 주, 다음 달 또는 내년을 생각하지 않고 당장 눈앞에 결과가 나타나야 성공으로 인정한다. 효과가 있으면 진리이고 효과가 없으면 거짓이라는 종교적 실용주의(實用主義)가 정통교리를 믿는 사람들 중에서도 판을 친다. 목적을 이루는 데 도움이 되는 것이라면 무엇이든지 선(善)이라고 간주된다. 현재, 종교 지도자를 판단하는 기준은 딱 하나이다. 그 기준은 바로 '성공'이다. 그는 성공하기만 하면 모든 것을 용서받는다. 그가 절대 용서받을 수 없는 것은 딱 하나이다. 그것은 바로 '실패'이다.

뿌리가 튼튼한 나무는 어떤 폭풍도 이겨낼 수 있다. 그러나 예수님이 저주하신 무화과나무가 뿌리로부터 말랐을 때 그것은 즉시 죽어갔다(막 11:20,21). 뿌리를 튼튼히 내린 교회는 절대 파괴되지 않지만, 뿌리가 마른 교회는 어떤 수를 쓰더라도 다시 살릴 수 없다. 아무리 자극을 주고, 아무리 광고를 하고, 아무리 헌금이 많이 들어오고, 아무리 멋진 건물을 지어도 뿌리 없는 교회는 다시 살 수 없다.

주여! 우리에게 견고한 뿌리를 주소서.
주님의 교회에 찾아오셔서 우리를 고치소서.
예수님 이름으로 기도합니다. 아멘.

27 Success | 무명 NAMELESSNESS

하나님을 향한 무명의 노래하는 자가 돼라

오직 모든 일에 하나님의 일꾼으로 자천하여 많이 견디는 것과
환난과 궁핍과 고난과… 무명한 자 같으나 유명한 자요
죽은 자 같으나 보라 우리가 살고
징계를 받는 자 같으나 죽임을 당하지 아니하고
고린도후서 6:4,9

나는 가족, 친구 그리고 주변의 몇몇 사람들의 울타리 밖에서는 전혀 알려지지 않은 많은 그리스도인들을 '무명(無名)의 노래하는 자들'이라고 부르고 싶다. 뛰어난 재능도 큰 능력도 없지만 그들이 부르는 노래는 너무나 맑고 아름답다.

지극히 크고 복잡하고 암울한 세상을 바라볼 때, '진정한 그리스도인이 어디에 있을까?'라는 회의가 들기도 한다. 그러나 우리에게 분명한 한 가지 사실이 있다. 어떤 사람이 그리스도를 닮아갈수록 신문기자가 그를 찾아내려고 애쓸 가능성은 그만큼 줄어든다는 것이다. 그가 아무리 사람들을 존중하고 사랑한

다 할지라도 세상 사람들이 그를 이해하지 못하기 때문에 그는 그들에게 따돌림을 당할 수 있다. 심지어, 바쁜 세상 사람들은 그가 존재한다는 것조차 모를 수도 있다. 그러나 어디선가 그가 부르는 노랫소리가 그들의 귀에 들릴 것이다.

아버지여! 이 세상 누구도 저의 노래를 들어주지 않는다 해도,
오늘 제가 부르는 노래가
아버지의 귀에 아름다운 가락이 되게 하소서.
예수님 이름으로 기도합니다. 아멘.

28 Success — 작은 자 THE SMALL
하나님과 사람 앞에서 작은 자가 돼라

젊은 자들아 이와 같이 장로들에게 순종하고
다 서로 겸손으로 허리를 동이라
하나님이 교만한 자를 대적하시되
겸손한 자들에게는 은혜를 주시느니라
베드로전서 5:5

한 젊은 설교자가 짧지만 의미 있는 메시지를 전했다. 그때 그는 "당신이 너무 큰 사람이기 때문에 작은 장소에 있을 수 없다면, 당신은 너무 작기 때문에 큰 장소에 있을 수 없다"라는 말을 인용했다.

우리가 큰 자가 되려고 애쓰는 순간 우리는 이미 오히려 더 작은 자가 되어버리는 것이 하나님나라의 불가사의한 법칙이다. 하나님은 하나님이 아닌 어떤 다른 존재가 하나님의 영광을 나누어 갖도록 용인하지 않으신다. 하나님은 사람들 앞에서 큰 자가 되려는 사람을 싫어하신다. 사람들 앞에서 큰 자로 보이는 사람은 하나님이 보시기에 큰일을 이루지 못한다.

언제나 하나님은 겸손한 사람을 기뻐하시고, 그의 친구가 되어 그를 도와주신다. 겸손한 사람만이 정신이 똑바로 박힌 사람이다. 왜냐하면 그는 자기가 어떤 존재인지, 자기의 한계가 어디까지인지를 잘 알기 때문이다. 자기중심적인 사람은 잘못된 관점에서 사물을 바라본다. 그의 눈에는 자기가 너무 크게 보이기 때문에 오히려 하나님이 작게 보인다. 그러므로 이런 사람을 가리켜 '도덕적으로 제정신이 아닌 사람'이라고 불러도 무방할 것이다.

주여! 제가 너무 큰 자이기 때문에
작은 장소에 거할 수 없다는 착각에 빠지지 않도록 도우소서.
언제나 저의 친구가 되시고 저를 도우시는 주여!
제가 겸손하게 주님을 기뻐하며 섬기게 하소서.
예수님 이름으로 기도합니다. 아멘.

29 하나님의 영광 GLORY OF GOD

우리의 가장 고귀한 사명은 하나님의 영광을 드러내는 것이다

기록한바 의인은 없나니 하나도 없으며…
다 치우쳐 한가지로 무익하게 되고
선을 행하는 자는 없나니 하나도 없도다
로마서 3:10,12

어떤 대가를 치르더라도 많은 군중을 끌어모으면 된다는 생각이 오늘날 기독교에 팽배하다. 종교적 활동이 엄청나게 활발한 것도 바로 이런 생각 때문이라고 말할 수 있다.

복음을 전하는 자로서 우리가 최대한 많은 사람들에게 복음을 전해야 하는 것은 너무나 당연한 일이다. 이런 면에서 기독교 집회에 모이는 사람들의 숫자가 중요한 것은 사실이다. 그러나 타락한 인간의 영광을 드러내는 데 혈안이 된 이 세상에서 우리가 제일 먼저 해야 할 일은 결신자를 만드는 것이 아니라 하나님의 영광을 드러내는 것이다. 우리가 아무리 많은 사람들에게 복음을 전한다 해도 복음 전파와 더불어 인간의 죄성(罪性)과 하나님의 영광을 분명히 선포하지 않는다면 우리는 실패한 것이다. 더 많은 사람들에게 접근하기 위해 진리를 타협의 대상으로 삼거나 훼손하는 것은 하나님의 영광을 가리고 인간의 영혼에 큰 해를 끼치는 것이다.

속도, 규모, 군중 그리고 시끄러운 고성(高聲)으로 상징되는 이 시대의 많은 복음 전도자들은 그리스도의 교훈을 왜곡시켜서라도 더 많은 사람들을 그분께 이끌고 싶다는 유혹에 시달린다. 그러나 무엇이 진정 하나님과 우리를 위한 것인지를 아는 사람은 죽 먹던 힘까지 다해 이런 유혹에 저항할 것이다.

주여! "타락한 인간의 영광을 드러내는 데 혈안이 된 이 세상에서"
오직 하나님의 영광을 드러내는 일에만
저의 모든 것을 바치겠다는 확고한 믿음을 주소서.
예수님 이름으로 기도합니다. 아멘.

30 Success | 바로 지금 RIGHT NOW
살아 있는 동안 오직 하나님께만 집중하라

그러므로 내 사랑하는 형제들아 견고하며 흔들리지 말며
항상 주의 일에 더욱 힘쓰는 자들이 되라
이는 너희 수고가 주 안에서 헛되지 않은 줄 앎이니라
고린도전서 15:58

하나님은 우리가 성령으로 충만하고 거룩하기를 원하신다. 하지만 우리가 아브라함처럼 되고 다윗처럼 하프를 잘 켜고 바울처럼 계시를 받기를 원하시는 것은 아니다. 이것을 아는 것이 우리에게 큰 유익이 될 것이다.

과거의 신앙 위인들은 이제 더 이상 이 세상에 없다. 그러나 당신은 이 시대에 살아 있다. 성경의 잠언은 죽은 사자보다 살아 있는 개가 더 낫다고 말한다. 당신이 아브라함이나 이삭이나 야곱처럼 되기를 원할 수도 있겠지만, 그들은 이미 오래전에 세상을 떠났고, 당신은 현재 살아 있다. 그러므로 오늘 주님을 증거할 수 있는 사람은 바로 당신이다. 지금 당신은 기도할 수 있다. 지금 당신은 물질로써 가난한 사람들을 도울 수 있다. 지금 당신은 낙심한 자들을 위로할 수 있다.

당신이 기드온이나 이사야 같은 인물이 못 된다고 낙심했기 때문에 하나님의 귀한 선물을 놓쳐버린 적이 혹시 있는가? 나는 당신에게 이런 어리석은 일이 일어나지 않기를 바란다. 당신이 살아 있는 이 시대에 오직 하나님께만 집중하라. 쓸데없이 사방을 두리번거리지 말라. 그분께만 당신의 모든 사랑을 드려라. 전심으로 그분을 섬기며 헌신하라.

아버지여! 오늘 저는 아버지께 다시 한 번 충성을 다짐합니다.
아버지께서 오늘 저에게 생명을 허락하셨습니다.
아버지를 섬기는 데 사용하라고 제게 은사를 주셨습니다.
은혜 가운데 저를 부르셔서 아버지를 섬기게 하셨습니다.
제게 주신 모든 것을 오늘 다시 돌려드립니다.
예수님 이름으로 기도합니다. 아멘.

31 기도 PRAYER
저의 기도를 받으소서

> 그런즉 심는 이나 물주는 이는 아무것도 아니로되
> 오직 자라나게 하시는 하나님뿐이니라
> 심는 이와 물주는 이가 일반이나
> 각각 자기의 일하는 대로 자기의 상을 받으리라
> **고린도전서 3:7,8**

사랑의 주님, 이제부터 저는 그리스도인들

그 누구하고도 경쟁하지 않겠다고 결심합니다.

그들은 저보다 형통한 복을 누리고 있습니다.

이것이 당연합니다. 저는 그들의 성공을 기뻐합니다.

그들이 저보다 더 큰 능력을 갖고 있습니다.

이렇게 된 것이 그들이나 저의 뜻이 아니라 주님의 뜻입니다.

이렇게 된 것에 대해 저는 감사할 뿐입니다.

저는 저의 능력이 크든 작든

그것을 주님의 영광을 위해 사용하기를 원하며,

또한 그렇게 되기를 기도합니다.

저는 저를 그 누구와도 비교하지 않을 것입니다.

저의 능력이 다른 사람들보다 앞서는 분야가 있습니까?

그런 것이 있다 할지라도

저는 그것을 내세워 저의 자존심을 세우는 짓을 하지 않을 것입니다.

저의 선천적인 장점을 모두 부인할 것입니다.

저는 무익한 종일 뿐입니다.

저는 기쁜 마음으로 그리스도인들의 모임에 가서

그들의 발 앞에서 제가 가장 작은 자라고 인정할 것입니다.

만일 제가 잘못 판단하여

저 자신을 과소평가하는 것이라 할지라도 저는 개의치 않습니다.

저는 다른 사람들을 위해 기도하기를 원합니다.

그리고 그들의 성공이 저의 성공인 것처럼 기뻐해주려고 합니다.

그들이 주님의 자녀라면,

그들은 또한 저의 형제자매입니다.

왜냐하면 저와 그들 모두 주님의 동일한 자녀이기 때문입니다.

우리는 각각 자기의 일을 감당할 뿐입니다.

한 사람이 심고 다른 사람이 물을 주지만,

결국 자라게 하시는 분은 오직 주님이십니다.

예수님 이름으로 기도합니다. 아멘.

이것이 성공이다

초판 1쇄 발행	2005년 11월 7일
초판 22쇄 발행	2022년 10월 24일
지은이	A. W. 토저
옮긴이	이용복
펴낸이	여진구
책임편집	안수경
편집	이영주 정선경 최현수 김도연 김아진 정아혜
디자인	마영애 노지현 조은혜 이하은
홍보 · 외서	진효지
마케팅	김상순 강성민 허병용
제작	조영석 정도봉
마케팅지원	최영배 정나영
경영지원	김혜경 김경희 이지수

303비전성경암송학교 유니게과정 박정숙 최경식
이슬비전도학교 / 303비전성경암송학교 / 303비전꿈나무장학회

펴낸곳　　규장

주소　06770 서울시 서초구 매헌로 16길 20(양재2동) 규장선교센터
전화　02)578-0003　　팩스　02)578-7332
이메일　kyujang0691@gmail.com　　홈페이지　www.kyujang.com
페이스북　facebook.com/kyujangbook　　인스타그램　instagram.com/kyujang_com
카카오스토리　story.kakao.com/kyujangbook
등록일　1978.8.14. 제1-22

ⓒ 한국어 판권은 규장에 있습니다.
이 출판물은 저작권법에 의해 보호를 받는 저작물이므로 무단 전재와 무단 복제를 할 수 없습니다.

책값　뒤표지에 있습니다.
ISBN 89-7046-354-2　03230

규|장|수|칙

1. 기도로 기획하고 기도로 제작한다.
2. 오직 그리스도의 성품을 사모하는 독자가 원하고 필요로 하는 책만을 출판한다.
3. 한 활자 한 문장에 온 정성을 쏟는다.
4. 성실과 정확을 생명으로 삼고 일한다.
5. 긍정적이며 적극적인 신앙과 신행일치에의 안내자의 사명을 다한다.
6. 충고와 조언을 항상 감사로 경청한다.
7. 지상목표는 문서선교에 있다.

하나님을 사랑하는 자 곧 그 뜻대로 부르심을 입은 자들에게는 모든 것이 合力하여 善을 이루느니라(롬 8:28)

 규장은 문서를 통해 복음전파와 신앙교육에 주력하는 국제적 출판사들의 협의체인 복음주의출판협회(E.C.P.A:Evangelical Christian Publishers Association)의 출판정신에 동참하는 회원(Associate Member)입니다.